料理で幸せを届けて
たどり着いた

おいしい仕事術

SHIORI 料理家

小学館

はじめまして。料理家のＳＨＩＯＲＩです。

この本を手に取ってくださってありがとうございます。まず最初にお伝えしておきたいことがふたつあります。

ひとつ目。これまでたくさんのレシピ本を出版してきましたが、今回はレシピ本ではありません。料理に限らず、どんな仕事にも通ずる私なりの心得をまとめた本です。

もうひとつ、『おいしい仕事術』＝『楽して稼げる仕事術』。もし、そんな〝オイシイ〟内容を期待して手に取ってくださった方がいたらごめんなさい。この本では、その期待には応えられそうにありません。その代わり「家族か仕事か」人生における大きな選択を迫られた私が、もがきながらもたどり着いた〝関わる人みんなで幸せになれる新しい時代の働き方〟を提案させていただきます。

はじめに

突然ですが「おいしい」の意味を考えたことはありますか？

美味、うまい、味がいい…。

私はこの幸福な感情の先には、もっと特別な意味がある気がしていました。

料理家という食にまつわる仕事をして15年。「料理の楽しさを伝え広める」使命感を胸にレシピを提案し続け、たくさんの方の人生が好転する様子を見つめてきました。

22歳で出版したデビュー作『作ってあげたい彼ごはん』はシリーズ累計370万部を超えるベストセラーとなり、主婦向けのレシピ本が主流だった料理業界の常識を覆し、若い女性が料理を楽しむ文化が生まれました。その後はレシピ本の出版を主軸に雑誌、テレビ、広告、商品プロデュース、料理教室運営、飲食店経営。そして、20

２０年からはオンライン料理教室「L'atelier《ラトリエ》 de《ドゥ》 SHIORI《シオリ》 Online《オンライン》」を主宰しています。このオンライン料理教室にはおかげさまで世界約30ヶ国から約1万人が参加。２年連続で〝継続率が97％超え〟という軌跡を辿っています。

いつしかL'atelier de SHIORI Onlineは、ただ「料理を習う」だけの場でなく、「物事の考え方・言葉の伝え方・生き方さえも学んでいる」。そんな風に言っていただけるようになりました。

このように、どんな時代も、その時々に自分にできる手段で料理と向き合い続け、ようやく私は「おいしい」の意味を見つけたのです。

「おいしい」は、足るを知るということ。

おいしいものを食べて気持ちがほっと安らぐのは、どこか遠くに求め続けている幸せが「今、目の前にちゃんとある」ということを心が認識して安心するがゆえ。

「あぁ、今日という一日を生きててよかった」
おいしいものを食べてそう思えるのは、たった4文字の「おいしい」という感情が今日の自分を全肯定し、優しく包み込んでくれるがゆえ。

それこそが、おいしいごはんが明日を生きる活力に繋がる証。
「おいしい」はいつだって生きる味方なのです。

今回はそんな特別な意味を持つ「おいしい」と名付けた仕事術の本です。

私はこの数年、ライフステージの変化や家族との向き合い方を見つめる中で新しい働き方へと大きく舵を切りました。その過程を振り返ると、ぬくもりのある繋がりを大切にし、幸せが未来に、関わるみんなに循環する働き方を強く意識してきました。

もちろん、私自身、失敗・挫折・短所もたくさんあります。それでも、自分らしい仕事や企画の作り方、見えない相手を想うコミュニケーションの取り方、責任とやりがいを分かち合うチームの作り方、しなやかで強いマインドの持ち方。これらを実践することで、料理と同じ幸せの循環を仕事にも見出せたのです。

つらい時、苦しい時こそ、向き合い方のスイッチを切り替える。それだけで、気持ちが楽になり、続けているとやがて道が開け、自信がつき、楽しくなる。私が働く上で大切にしてきた考え方やマインド、経験をこの本ではありのままにシェアしたいと思います。

この本を手にしてくださった方の自分らしい生き方を見つけるきっかけとなり、みなさんの仕事や人生が少しでも豊かなものとなれば嬉しいです。

SHIORI

CONTENTS

PART 1

仕事の作り方編

PART 2

準備編

PART 3
コンテンツ作り編

PART 4
コミュニケーション編

PART 5
チーム作り編

PART 6

マインド編

PART 7

これからの働き方編

PART

1

How to make a job

仕事の作り方編

この時代に、どうやって「自分の名前」で仕事ができる？
やりたいことがある時、ライフステージや時代の変化に合わせて
働き方を変えたい時にするべきことは？
数々の「自分の仕事」を作ってきたSHIORIの心得を紹介します。

違和感にこそヒントがある

今、身の回りに違和感を覚えているものはありませんか？　あれ？　なんで？　どうして？　もっと○○だったらいいのに…。私たちの日常はきっと、大なり小なり、そんな違和感と隣り合わせだと思います。私自身も、何年も消せない違和感をずっと抱えていました。

雑誌、テレビ、ＷＥＢメディアに大手食品メーカーの広告…業界全体を見回すと昨今は「簡単・手間なし・時短」を重視したレシピがとても目立つ印象です。たしかに忙しい現代人に時短というアプローチは必要不可欠です。でも、本当にそればかり追い求めていいの？　料理の楽しさすらも省いてしまいかねない〝時短料理〟の浸透が日本の食卓の未来を変えてしまうのではないか？

小さな違和感は日増しに強くなり、ぬぐいきれない懸念へと変わっていきました。

そんなタイミングで訪れた新型コロナウイルス感染拡大による緊急事態宣言。自粛生活を余儀なくされた〝ステイホーム〟の中で、多くの人が先の見えない不安や、人に会えない孤独から暗い気持ちを抱えていたのは明らかでした。さらには、一日三食の食事作りに疲弊し、あちこちから料理に苦悩する人たちの声が聞こえ始めました。しかし、人々への救済として、メディアから繰り返されるのは、ちょい足し！　混ぜるだけ！　包丁いらず！　など相変わらず「簡単・手間なし・時短」ばかり。

もう少し別のアプローチがあってもいいのではないか？　この時、コロナの襲来とともに私の中にくすぶっていた違和感が使命感に変わりました。

手軽な料理で今この瞬間に困っている人を救うのも愛だけれど、食べる楽しみ、作る楽しみ、料理の〝まっすぐな魅力〟を伝えるのも愛。世の中が不安な今こそ、家庭料理の底力を伝えたい。そんな衝動に突き動かされ、気が付けば行動に出ていました。

私が料理、夫がスマホでカメラを回し、自粛期間中に同居をしていた妹が息子（当時8ヶ月）の子守り、という最少のチームを結成。自宅キッチンから、インスタグラムのライブ配信で私なりのメッセージを込めたレシピを提案し続けました。「スーパーにも気軽に行けない状況下で、いかに現実的なレシピで、いかに作る人のモチベーションを上げ、いかに食べる人に喜んでもらい、いかに食卓に笑顔をもたらすか」という想いのもと、レシピを受け取る見えない相手を想い、料理家になって培ってきた知識、経験を今こそ社会に還元する時だ！　という人生をかけた挑戦になっていました（ちょっと大袈裟に聞こえますが、本当にそれくらいの意気込みでした）。

最終的に自粛期間中に紹介したメニューは50品を超え、これは私が対面で教えていた料理教室の約2年分です。もちろんすべて無料。

無我夢中で続けていると

「苦手だった料理がＳＨＩＯＲＩさんのおかげで好きになりました」

「こんなに料理が楽しいと思えたのは初めてです」

「暗い毎日がSHIORIさんの明るいライブとおいしいごはんに救われました」

来る日も来る日も、喜びと感謝を伝えてくださるメッセージが途切れることはありませんでした。〝簡単・時短〟だけでは解決しなかった料理のストレスが、作る喜び、作る楽しみ、料理が持つ本質的なやりがいに触れることで和らいだのです。

それどころか、

「自粛が明けても継続して学びたい！」

「今度はちゃんとお金を払って習いたいです！」

という予想もしていなかった反響が得られる展開に。


ライブ配信は衝動に駆られるように始めたので、先々のことは何も考えていませんでした。それでも、時を同じくして新たな働き方を模索していた私にとって、熱烈なラブコールはとても有難いものでした。家族のそばにいながらも大好きな料理教室を続けられるかもしれないという希望が見えてきたのです。

そして2020年7月から有料版のオンライン料理教室が走り始めることに。手探りでライブ配信を始めてから、わずか3ヶ月後のことです。あの時私が社会に抱いていた違和感は、私ひとりのものではありませんでした。目の前にある違和感と向き合い、声をあげること。それは同じような違和感を抱えている、別の誰かの役にも立てるのです。その声を共感してくれる人の元まできちんと届けることができれば、社会を変える力にもなり得ます。

違和感をスルーしない。日頃から「何かが引っかかる…」という感情に蓋をせず「何が?」「どうして?」「どうすれば?」を問い続けること。その違和感が爆発し「今だからこそできることがある」が重なった瞬間を見逃さないこと。これは新しい仕事を生み出す時にも、既存の仕事をブラッシュアップする時にもいえることです。

ネガティブをプラスに

メディア等を通して私のことを知ってくださっている方の〝料理家・SHIORI〟のイメージは、満場一致で「攻めのポジティブ！」なのではないかなと思います。

確かに私は元気で明るいです。

けれど、本当の私は…心配性で、人見知りで、気にしいで、自分に自信がない部分もあって、落ち込みやすい。書き出してみると見事にネガティブ。特にレシピ作りに没頭している時は気持ちの浮き沈みが頻繁にやってきます。家族にとっては「大丈夫、大丈夫！　落ち着いて！　自信をもって！」と私を励ますことがルーティンワークになっているくらい（笑）。

ネガティブなのに、どうしてそんなに行動に移せるの？　と思いますよね。

答えはシンプルで、行動しない方が不安！　だからです。心配性だからレッスン前には入念な試作を重ね、気にしいだから言葉を発する時は受け取り手の気持ちを隅々まで想像します。自分に足りないところを自覚し、自信のない部分を持ち合わせているからこそ、調子に乗ることなく地に足をつけていられます。

ネガティブゆえに気が付くこと、不安なことに『もう大丈夫』と言えるまで徹底的に向き合い、先回りして対処する。その結果、安心感（これだけやってダメなら仕方ないよね。とある意味開き直れる）を手に入れ、堂々としていられる姿に周囲からはポジティブという印象を持たれるのかもしれません。

このように、私は基本的にはネガティブですが、「誰かの喜ぶ顔が見たい」「より良い未来を築きたい」という強い想いが行動を後押しします。きっかけこそ気力でスタートしても、そこに変化や成長が実感できると、やりがいが追いつき、一気に加速する。これが私の仕事のスタイルです。

いつからか世の中は〝ポジティブ至上主義〟が蔓延していますが、ひたすら前だけを向いて突き進んでいると気が付けないこともあります。

横を見て、後ろを見て、「落とし物はないかな？」と考えてみる。時にはそんな慎重さや優しさが、誰かを救うこともあります。

人には浮き沈みがあるもの。ポジティブを無理に目指す必要もないと思います。つらい、どん底を経験したからこそ生まれるものもある。どんな立場や考え方の人にも、その個性を活かして輝ける場所は必ずあります。ありのままの自分だからできることに目を向ける。ネガティブだって人の役に立てると思います。

やらないことを決める

2020年の4月に発令された緊急事態宣言から遡ること約半年。私たち家族は悲しみのどん底にいました。2019年9月に生まれた第一子である息子が重度の先天性難聴、つまり、生まれつき耳が聞こえない可能性があると診断されたのです。

無知から来る恐れ、先の見えない不安に塞ぎ込む日々が続きました。加えて、専門家の先生からは仕事を辞めて療育に専念することを勧められます。私の生きがいともいえる大好きな仕事を続けられないかもしれない…ショックでした。家族を優先したいという強い気持ちがありながらも、簡単に割り切れることではありません。

仕事に未練がある私はダメな母親なのか？　仕事を諦めれば息子と私は幸せになれるのか？　自問自答を続けるも、最後は世の中の常識や周囲の期待、すべてを取り払って「私たち家族にとってのベストは何か?」に向き合い答えを出しました。息子や夫の前で毎日を元気に楽しく、私らしい姿であるために仕事は辞めない。代わりに来る息子の本格的な療育に向け、それまでの仕事を整理することに。できないことを嘆いても仕方がないので、やらないことを決め、今できることに全力を注ぐという方向転換です。

私の仕事の主軸であった、出版をはじめとしたメディア関連は時間的拘束が長い上、常に締め切りと隣り合わせ。心のゆとりが大切とされる療育と両立できるイメージが湧かず、現在は基本、新規でいただくお仕事をお休みさせてもらっています。

もうひとつの決断は、一大投資をして代官山に作ったキッチンスタジオを手放し、料理教室をやめること。

料理教室のやりがいは計り知れないものですが、それと引き換えに最も緊張感が伴うとてもハードな現場です。対面レッスンでは、実習、試食の準備、片付け、掃除などレシピ制作以外の稼働ボリュームが多く、それを月に何度も開催する時間的余裕はありません。
さらには金銭面での不安もありました。生活費とは別にスタジオを維持するために働くことは、精神的にも体力的にも過酷です。そこには〝息子との時間を削っている〟という自責の念が生まれることは明らかでしたから。

やらないことを決めると同時にやることを決めました。
私はＹｏｕＴｕｂｅｒになりました。自分にできること（料理）で、好きな場所（自宅キッチン）から、好きなタイミング（息子が寝ている間など）で、動画を作り収益を上げる。〝無理なく自分のペースでできる〟を最優先した働き方です。

もちろん最初からうまくいくほど甘くなければ、これまでの稼ぎを全部賄えるわけではありません。すべて覚悟の上です。それでも、仕事をし、社会と繋がっていたかった。こんな自由な働き方が選択できる時代でよかったと心底思いました。

ＹｏｕＴｕｂｅｒとして少しずつ歩みを始めたところでコロナによる緊急事態宣言。ステイホーム期間中の無料のライブ配信がきっかけで結果的にはオンライン料理教室へと道が開けたのですが…。それも「やらないことを決める」を実践していたおかげで、働く時間が圧倒的に限られていた暮らしに無理なく取り入れることができました。

働き方にはフェーズがあって、時間、やる気、体力、これらが満ち足りている時（社会に出て間もない頃など）は、経験してみないと分からないこともたくさんあるので、何事にも果敢にチャレンジするのがいいと思います。

それでも、自分の得意不得意が見極められるほどに経験を積んだ後や、出産、育児、介護などで働く時間や体力に何かしらの制限がある場合の「やらないことを決める」はとても有効です。

今、抱えている仕事を思い浮かべてみてください。ワクワクするもの、刺激的なもの、単純に好きな作業、本当はやりたくないもの…。ひと言に仕事と言ってもその内訳は様々ありますよね。

これも仕事！　と割り切りが必要な場面も確かにありますが、抱え込みすぎが仕事全体に悪循環を招いているケースも少なくありません。やりたい仕事、得意な仕事でさえも十分なキャパを持って挑まなければ、クオリティに納得できず、相手にも迷惑を掛けてしまい、悔しさが残る。私にはそんな苦い経験もあります。

その点、やらないことを決めれば時間や気持ちに余裕が生まれ、新しいアイデアを練ったり、試すゆとりができます。私はレシピ研究は時間を忘れるほどに夢中になれますが、パソコン業務や精算業務は大の苦手。人の倍近く時間がかかってしまうので、事務作業は妹に頼み、空いた時間でレシピの精度を高めています。

このように「本当にやりたいことにエネルギーを集中させ、納得がいくまで取り組める環境を作ること」。これが仕事のクオリティを向上させ、よい結果に繋がります。

それにはまず、今自分が抱えている仕事（名もなき業務も全て）を書き出して可視化し、優先順位を決めて整理する【やる、やめる、人に託す】ことから始めるといいと思います。その時の判断基準として私の場合は拘束時間や心のゆとりを重視しましたが、人間関係やお金など自分にとって大切にしたいものを明確にし、勇気を持って手放してみましょう。

「やらなくちゃ」や「まだできていない」から来る焦りや不安という心の負担を減らすだけで、気持ちが楽になり、思考もクリアになる。これが仕事の好循環を生む第一歩です。

完璧じゃなくていい

「(妻は) 仕事ができるポンコツですねぇ」

テレビ番組『セブンルール』(関西テレビ) で私に関する取材を受けた時に、夫の口から飛び出た言葉です。あまりにしっくりくるキャッチーな言葉のチョイスに、嫉妬を覚えたくらいです (笑)。

そう、私は仕事以外の場面では自他ともに認めるポンコツです。得意なこと、好きなことは料理。それ以外の家事 (片付け、掃除、洗濯、植物の世話…) はだいたい苦手。プライベートでは忘れモノやなくしモノが多く、そんな自分にがっかりすることもしばしば。一方で料理においては驚異的な集中力を発揮し、仕事は早く、細かいことまで見えすぎて気になりすぎる。オンとオフでは完全に別人なのです。

隠すつもりはなくとも、仕事のメインが出版の時代にはポンコツを世間に披露する機会はそうそうなかったので、メディア越しに見える得意な〝料理〟をする私は、もしかすると完璧主義な印象すら与えていたかもしれません。そんな私がオンライン料理教室を始め、ありのままの姿をさらけだすことで、大きな変化がありました。これには配信用のカメラを担当する夫の存在が大きく関係しています。

レッスン中の夫との自然な掛け合いの中で「みじん切りが嫌いなこと」「整理整頓、収納が苦手なこと」「実はとても大雑把なこと」と、素の私の姿が次々と露呈しました。いつも私の全力な姿を見ている生徒さんには「ＳＨＩＯＲＩさんでもそんなことあるんですね！」「そういう手の抜き方もありなんだ！」と、図らずも「頑張りすぎなくていいよ」というメッセージが届いているようです。それを好意的に受け入れてもらえることで、先生だから〝完璧な姿を見せなきゃいけない〟という思い込みから解放され、私自身も随分と気持ちが楽になりました。

できないこともいっぱいある私は、夫や妹（時には母や姉）、そしてオンラインレッスンの運営をサポートしてくれるチームメンバーに支えられ、日々の仕事が回っています。

あなたの周りを見渡せば、完璧に見える人もいるかもしれません。でも、本当にそうでしょうか？　私は思うのです。完璧である必要はないんじゃないかって。できないことに対して、開き直りを勧めるつもりは全くありません。そうではなくて、「自分にできることで〝全力で〟役立ちにいく」という考え方です。これは仕事だけではなく、家庭でも社会に対しても、同じです。

できないことや苦手なことに、申し訳なさや後ろめたさを感じながら頑張ることより、得意なことやできることで無理なく頑張るエネルギーは枯れにくい。

持続可能なプラスのエネルギーは働く上でとても重要です。そして、これは周りから付与される環境云々ではなく、自分の中から生み出せるのです。人間は不完全だからこそ、自分ができることで役に立って、できないことは助けてもらう。完璧じゃないからこそ、互いの役割を認め合い、リスペクトし合って、助け合って、支え合う。その繋がりこそが社会なのだと思います。

特に、子育てと仕事の両立は大きな社会問題です。でも「完璧を目指さない」「できないこと、苦手なことは周囲に助けを求めてみる」。このふたつを意識するだけで、ぐっと仕事がしやすく、さらには生きやすくなる気がしています。

そうはいっても、助けを求めにくい環境にいる。そう感じる人も多いはずです。その話はまた後半で。

タイムリミットが持つ魔法

無期限で終わりのない〝全力の努力〟を続けることは、多くの人にとって不可能に近いと思います。途中で飽きて集中力が途切れたり、心が折れてしまったり。ここでおすすめしたいのが「全力努力」×「タイムリミット」の併せ技。これは毎日コツコツと積み重ねるような〝地道な努力〟に使うカードではありません。あなたの人生を理想に近づける一世一代の頑張り時に使う必殺技です。

少し昔の話をさせてください。

料理を仕事に生きていこう！　そう決めた当時の私（20歳）は「22歳までに1冊目の本を出版する！」と誰に教えられたわけでもないのに、真っ先にタイムリミットを決めていました。ちなみに、この2年というのは無計画な数字ではありません。私は短大卒業後、フードコーディネーター養成スクールに通ったため4年制大学は出ていませんが、23歳は社会人1年目、22歳ならギリギリ大学生、そんなイメージがありました。料理家として、前例のない若さをアピールするなら22歳までが勝負！　と自分なりの数字を導き出しました。

私はこのタイムリミットに何度も救われ、22歳で若い女性のためのレシピ本『作ってあげたい彼ごはん』を出版することができました。夢を叶えるため、料理研究家の先生のアシスタントとして修業を積むことにした2年間は人生で最もハードな毎日でした。実家のある埼玉県熊谷市から東京・四谷の職場までは往復4時間強。朝から晩まで、汗まみれ、油まみれになりながら、ひとつでも多くのことを吸収しようと必死に働きました。出勤前の早朝や休みの日には、料理を作って写真を撮り、見よう見まねでレシピを書いてはコンテストに応募したり、作品作りに没頭。友達と遊んだ記憶はありません。同級生のキラキラと楽しそうなキャンパスライフを横目に、何でこんなに大変な道を選んじゃったんだろう…と、自分を恨むこともありました。

それでも2年間という期限があったから死ぬ気で頑張れました。「この2年必死に頑張れば私の人生は変わるかもしれない。長い人生のうちのたった2年。やってやろう！」。休みもない、お金もない、友達にも会えない。我慢の生活さえも「これが永遠に続くわけじゃない！」と、終わりが見えているからこそ、腹をくくり突き進む覚悟が備わりました。寝ても覚めても夢を実現することだけに全集中できたのです。

さらには、2年間という大枠を決めた後、その中で目標を小刻みに設定したことが功を奏しました。当時の私の場合はこんな感じです。

1．料理家のアシスタントで経験を積む
2．女性ファッション誌へ売り込む
3．女性ファッション誌で単発の実績を積む
4．女性ファッション誌で連載を持つ
5．『作ってあげたい彼ごはん』の企画を売り込む

6.『作ってあげたい彼ごはん』の出版

女性ファッション誌を最初の目標にした理由は、当時私が料理を届けたい同世代の女性が集まる一番のメディアだと考えたからです。こうしてひとつ達成したら次のステップ、また次へと、自分が確実にゴールに近づいている実感が湧くと、やる気を維持できます。

一方で、ゴールとタイムリミットしか設定しないとどうでしょうか？　あっちを試したり、こっちを試したりと迷子になりやすく、時間に制限があることが、かえって焦りにも繋がります。自分が思うようにことが進まないと「私はこんなに頑張っているのに！」と、行き場のない怒りや不満が生まれる。選んだのは自分自身なのに周りに当たりたくなる…。

自分の中のエネルギーを最大限プラスに循環させるためには「今日の頑張りが、ちゃんと未来に繋がっている」という実感を得られる仕組みを築くことが鍵となります。
「タイムリミット＋小刻みの目標設定」は、小さなステップを積み重ねることでやる気を維持し、質の高い努力へと導いてくれる。まさにぴったりな仕組みなのです。

もし期限内に達成できないと思ったら、目標の軌道修正や期間延長をするもよし。潔くやめるもよし。計画的な努力を重ねてもダメだったという現実は、時に「自分には向いていない」という感情抜きの冷静な判断にも繋がることもあると思います。「自分を奮い立たせるのと同時に客観的に自分を見つめる」「熱量と冷静さを自分でコントロールできる」。これこそが誰もが試せる〝タイムリミット〟という名の魔法です。

見切り発車でGO！

何事も入念な準備は大切ですが、最初の一歩を踏み出すタイミングを、自分に自信がついてからとか完璧な準備をしてからに設定してしまうと、遅すぎることもありますよね。私も大の心配性なので、その気持ちはよくわかります。

でも、私たちは学びました。新型コロナウイルスの出現がそうだったように、社会には予期せぬことが起こりえます。個人単位で言えば、結婚・出産・離婚・病気・介護など、もっと頻繁です。

だからこそ、移り変わりの早い今の時代、何かを始める時に大切なのは、ガチガチに固めた事業アイデアを形にすることより「ブレない軸を持ちつつ、刻一刻と変化する自分自身のライフスタイルや社会に対応していく柔軟性を併せ持つこと」だと思います。そして実現可能なところまでアイデアが絞れたら、見切り発車でもいいから、まずは一歩を踏み出してみる。その後は、考えながら、その時できるベストを尽くしながら、走り続けるのです。

やりたいと思った時に、行動に移せる環境があるのは決して当たり前ではありません。「あの時やっておけば良かった」。そんな後悔を残すくらいなら見切り発車でもいいから、行動に移してみましょう。もし思ったようにうまくいかなくても、スタートが早ければ、その分リカバリーも早い。プラスに捉えると、スムーズに運んだ場合より学びが多い。つまり、行動に移すのが早ければ早いほど、チャンスが多いということです。

私自身も料理家として前例のない早いデビューでしたが、そのおかげでたくさんの経験を積むことができました。あの時の決断が今に繋がっているので、22歳で〝見切り発車〟をした自分を「Ｇｏｏｄ ｊｏｂ！」と褒めてやりたいくらいです。

いつか落ち着いたらやろうの「いつか」は、なかなかやってきません。やりたいと思った時、熱があるうちこそが始めるタイミング。時々、年齢を理由に踏み出せないという相談を受けます。そんな時にはこの言葉を贈ります。

「今日のあなたが一番若い！」

〝準備万端な自分〟ではなく、いつだって、いつからだって〝アップデートできる自分〟を目指し、はじめの一歩を踏み出しましょう。勇気を出して踏み出した先には〝次の一歩へのヒント〟というご褒美があり、そうやって道は開けていくのです。

オタクが最強

「好きなことを仕事にして生きていきたい」
そう考える人は多いと思います。

私は20歳の時に、人生最大の大失恋と就職活動失敗というWパンチに打ちのめされました（ダメージの比重で言えば失恋98%、就活失敗2%くらい）。あまりのショックから約1ヶ月間、食事はまともに喉を通らず、外に出ることもなければ、すべてのやる気を失った引きこもり状態。そんなある日、見兼ねた母の言葉でハッと目が覚めました。「あなたが彼を想っているこの時間も、もう彼は史織（私の本名）を想っていない。しっかりしなさい。あなたの人生を生きなさい」

頭をハンマーで殴られたような衝撃で見失っていた自分を取り戻した私は、「私の人生このまま終わるのは嫌だ」と、好きな人に依存ばかりしていた自分と決別。これからは好きなことを仕事にして自分を生きる！　そう決意して今があります。

有難くも好きな料理を仕事にして15年。ここでは私なりに得た大きな気づきをご紹介します。

好きを仕事にしたい！　そう思った時に、まず最初にしてほしいこと。

それは「『好きなこと＝得意なこと』とは限らない」という自覚を持つことです。

あなたの中では既に好きな度合いが十分かもしれませんが、世の中には好きを極めている人が数えきれないほどいます。好きなことで収入を得て自立するためには、知識や経験のストックはあるに越したことはなく、緻密な分析力や絶え間なく思考し続けることも欠かせません。井の中の蛙にならないよう「自分の好きレベルをもっと深められる余地があるかも…」という疑いを持つことから始め、次にやることは「好きを徹底的に得意にする努力」です。

この時、目指すは「オタク」レベル。

寝ても覚めても四六時中好きなことを考えていられる。好きなことを生きがいにしていると言えるほどに、時間やお金、労力を使うことをいとわない。そこまでの情熱を注ぐことができるのは、それだけ好きなことに取りつかれている証です。

自分の好きを周囲に伝え、広め、仕事にしていくには、あなた自身がこのような熱狂の渦の中心にいることが大切です。自分が熱狂できないのに、他の誰かを巻き込むエネルギーが湧くとは思えません。逆を言えば、そこまでの熱量があれば、その先のことは大概乗り越えられると思います。

好きなことに我を忘れるほどに熱狂し、人並み外れた知識やこだわりを持つ。そんなオタクの人が好きなことを語る瞬間って、輝いて見えませんか？　その輝きは「好き」をとことん極めた結果、いつしか経験に裏付けられた自信に繋がっているのだと思います。そこにコミュニケーション力やコンテンツを磨く力が備われば「好きを仕事にする」が実現します。

オタクこそ最強、オタクこそプロフェッショナルへの第一歩です。

正しい努力をする

〝正しい〟という表現は好きではありませんが、この章ではあえて使わせてください。努力には2種類あると思っています。後に実を結びやすい〝正しい努力〟と、残念ながらその逆をいく〝ひとりよがりな努力〟。せっかくなら前者を選びたいですよね。

これまで料理本を出したいという後輩の相談をたくさん受けてきました。その度に「まずはあなたのファンを作ろう。そのためにSNSを毎日更新してみよう」と私なりのアドバイスをします。応援してくれる人の存在が仕事を作るからです。

それを10人に伝えて、翌日すぐに行動を起こす人が3人いたらかなりいいほうです。そして1週間でひとり、2週間でまたひとりと途中で離脱してしまい、1ヵ月継続できる人がいたらすごいこと（！）です。でも、やがて最後のひとりも「毎日更新していますが、なかなかファンが増えません…」と再び相談に来ます。SNSを覗いてみると答えは明確。私のアドバイスで一番重要なのは「あなたのファンを作ろう」という「目的」の部分で、そのための手段がSNSの更新でした。でも相手にとっては「毎日更新すること」が目的になってしまい、更新する内容に中身が伴わなかったのです。どんなにやる気があっても途中で目的が入れ替わり結果に結びつかないこの現象、実は気がつかないうちに多くの人が陥りがちです。そんな事例をたくさん見てきました。

正しい努力をするためには、「何のためにやるのか？」の〝目的〟をきちんと理解することが大切です。その上で、どうやったらその目的を達成できるか？の〝手段〟をより具体的に考えていきます。

先の例で言えば「ファンを増やす」という目的、その手段としてSNSを使うのであれば、一番力を注ぐべきは発信する〝情報の質〟です。今、あなたが友人以外でSNSをフォローしている人を思い浮かべてみてください。何かしらその人から知りたい、得たいものがあるはずです。情報が溢れる時代に、学びがあったり、くすっと笑って癒されたり、その存在に勇気づけられたり。どんな情報の形であれ、相手に必要とされる、相手にとって有益な価値の提供にこそファンがつきます。

だからこそ、どんな内容に興味を持ってもらえるか、どんな情報が相手の役に立つのか、見えない相手を想像しながらこのリサーチに力を注ぐことが必要なのです。

仮に料理アカウントで勝負するなら書店に足を運び、雑誌や書籍の特集、売れ筋から世の中のニーズをキャッチすることは簡単です。そうしたら、その情報を元に発信内容を考える。手段は常に目的から逆算して設定すればいいのです。

とはいえ、ネタ探しに始まり、料理を作って、撮影して、文章を書いて、毎日SNSにアップするのは並大抵のことではありません。時間、お金、労力、やる気のすべてが必要で先に挙げたように、多くの人は毎日継続ができません。でも、覚えておいてください。どんなジャンルでも、みんなができないことをやれるからこそプロになれるのです。プロとは地道にコツコツをやり遂げる人なのです。

「正しい努力＝正解がひとつ」というわけではありません。目的を見失わずに自分なりのやり方を見つけ出せればOK。そして、この正しい努力を後押ししてくれるのが「タイムリミットが持つ魔法」(P30)です。特に目標を小刻みに設定することで〝ひとりよがりな努力〟を回避することができます。

なかったら作ればいい

「やった後悔よりやらなかった後悔のほうが大きい」これは私の座右の銘のひとつです。この言葉に後押しされるように、迷ったらチャレンジする道を選んで突き進んできました。

レシピ本といえば主婦向けが主流で「若い子は料理本を買わない」という出版業界の常識を覆すべく、若い女性のための料理本作りに奔走した22歳。料理工程を簡潔に見せるショート動画が主流の時代に、ひとつの工程が持つ意味を時間をかけて伝えるオンライン料理教室を立ち上げた36歳。改めて考えてみると、時代に逆行するように仕事を作ってきたように思います。「なかったら作ればいい」という発想で。

もちろん、リスクがあることも否めませんが、前例がないということは、世の中に新しい文化や価値観が芽吹くチャンスでもある。その先に人々の暮らしがよりよい方向に向かうかもしれないという「希望」なのです。

モノや情報、サービスが溢れかえる時代にまだ誰も開拓していないことを見つけるのは簡単なことではありません。だからこそ、せっかく見つけた希望を未来に繋ぎたい。そんな想いで果敢に挑んできました。

このチャレンジに大切なのが、まだ世の中に存在しない理由を探ることです。誰も思いつかないくらい意表を突いた真新しい企画なのか。挑戦者は数多いるものの実現が困難な企画なのか。ここでの分析がしっかりできていれば、その先により具体的なアプローチを見出せます。

今から10年ほど前、パリで料理修業中に「ファラフェルサンド」に出会いました。ファラフェルサンドとは、中東発祥で、潰したひよこ豆にスパイスやハーブを混ぜて揚げたファラフェルを、様々な野菜と一緒にピタパンに挟んだものです。「野菜だけでこんなにおいしくて満足感がある料理が存在するなんて」。それまで肉・魚メインのがっつりレシピを作り続けていた私は、一瞬で胃袋を鷲掴みにされるほどの衝撃を受けました。

そこからヴィーガンフードが気になりだし、海外を訪れるたびに熱心にリサーチを重ねることに。「今日は野菜で過ごそう！」と、選択肢のひとつとして日常に溶け込んでいる様子がとても心地よかったことを覚えています。やがては「日本にもこんな文化があったらいいのに。いや、そもそも何でないんだろう？」と、その理由を深く考え始めました。

今でこそ『ヴィーガン』という言葉が少しは浸透してきたように感じますが、当時の日本はヴィーガンへの理解や浸透は浅く、その多くは健康意識や美容意識の高い女性に向けられた提案でした。欧米では環境保全や動物愛護の観点でヴィーガンフードを選択する人も多い中、日本では自分の信念をライフスタイルや食生活に反映させる人はまだまだ少ない。この違いこそが、日本にヴィーガンが浸透していない理由だと思いました。

そんな背景をベースに、日本でヴィーガンを定着させるには食べ物として圧倒的においしくなければ難しい。逆を言えば、世界的に見ても食に恵まれたグルメなこの国で、圧倒的なおいしさを示せれば定着するのではないか。

この仮説と同時に、もうひとつの課題&解決策が浮かび上がりました。日本に広く浸透させるためには、女性だけではなく、男性をもっと巻き込む必要がある。その点、〝彼ごはん〟で男子の胃袋を摑む料理を長年研究してきた私だからこそ作れる、男子も喜ぶヴィーガンフードがあるはず！

私の中で「やりたいこと・やれること・求められていること」が一致した時こそが、

行動に移す時です。この時の場合は「やりたいこと＝ヴィーガンという新しい食の選択肢を広めること」「やれること＝圧倒的においしいレシピを作ること」「求められていること＝男性も満足するヴィーガン料理」でした。「チャンスの神様は前髪しかない」とよく言われていますが、この3つが重なるタイミングも人生でそう何度もあることではないと思います。

だからこそ「今がその時」とチャレンジする確かな意義を見つけた私に迷いはありません。こうして5坪ほどの小さなファラフェルスタンド『Ballon《バロン》』は2017年にオープンしたのでした。

誰だって失敗は怖いもの。それでもリスクを恐れていたら新しい文化や価値感は生まれません。

まだ世の中に広く知れ渡ってはいないけれど、自分だけはその価値の重みを誰よりもよく知っている。心を揺さぶられ、人生に大きな影響をもたらし、全力で周囲に勧めたくなる。過去の自分に強烈なインパクトをもたらした実体験こそが「なかったら作ればいい」の一番の原動力になります。

その価値や経験を広めて社会に変化をもたらしたいというまっすぐな情熱は、同じ体験を通して共感の輪を広げ、やがて常識さえも覆し、ニュースタンダードを生むこともあるのです。

PART

2 Arrangements

準備編

料理も仕事も丁寧な下ごしらえが重要。
準備をすっ飛ばしては、うまくいくものだってうまくいきません。
仕上がりが格段に変わる、押さえておきたい
「SHIORI 流下ごしらえのポイント」をまとめました。

SNSを味方につける

オンラインレッスンだなんて時代の先端に挑戦しながらも、私自身はパソコン、カメラなどの機器全般、WEB周りが大の苦手。超がつくアナログ人間です。自分に設定ができる気がしない（試す以前の拒絶反応）から、興味があったオンラインイベントへの参加を諦めてしまったことも。

そんな苦い経験からオンラインレッスンを本格的にやるなら、無料のライブ配信の際、その手軽さから好感触だったインスタグラムをそのままプラットフォームとして使用したいと考えました。コロナ禍初期はオンラインの習い事といえばZoomが主流でしたが、インスタグラムからプラットフォームを移すことで私のような離脱者が出てしまうことも容易に想像できたからです。そこで、当時は前例がほとんどなかったインスタグラムをメインにしたオンラインレッスン用のプラットフォームを友人に構築してもらい、現在の形に落ち着きました。

入会の仕方

インスタグラムに決済機能はないので、レッスン料の支払いはＢＡＳＥの決済システムを紐づけ。レッスン用の非公開アカウントを作成、フォロー申請してもらい、決済が完了した人からアカウントに承認されるという仕組み。

レッスン内容

レッスンは月に1回、第２水曜日の21時から。約2時間半のレッスンは、リアルタイムの配信への参加orアーカイブで後から好きな時間にチェックすることが可能。月に1回、お手軽レシピのおまけ配信あり。雰囲気の異なる配信でメリハリをつけて運営している。

インスタグラム導入は、使う側の手軽さだけでなく、もっと大きな収穫がありました。それはオンラインレッスンが「ごく自然に生活に溶け込める」という点です。今や多くの人が使っており、一日に数回アクセスするSNSなら自然と接点が増え、私や運営から発信したい情報や生徒さんのリアクションを〝互いに〟素早くキャッチできるスピード感があります。他にもアンケート、クイズ、質問、ハッシュタグ、シェア機能など、インスタグラム独自の様々なオプションにより、本来は動画を配信して視聴してもらうというシンプルなやり取りにいくつもの楽しい〝オリジナル〟な仕掛けをカスタマイズすることができるのです。

講師1人に対して生徒数約1万人。一見すると一方通行になりがちな動画配信を、インスタグラムというSNSの使用により双方向、タイムリーなコミュニケーションスタイルに変換したことで、満足感や充実感を大幅にアップすることができたと思います。

ふと思い返してみると、20代の私もSNSを味方につけていたことに気がつきます。mixi《ミクシィ》という当時のSNSで、同世代に料理に関するお悩みアンケートを募集。何百件というコメントを印刷し、出版社へ交渉材料として持ち込んでいたのです。

入口は誰もがトライできる手軽さを持ちながらも、使い方の工夫次第では密度の濃いコミュニケーションが叶う。その時代に合ったSNSは「小さく産んで大きく育てる」が実現可能な、現代の最強ツールなのです。

生徒さんから好評な使い方をご紹介

❶ ストーリー機能で現代版赤ペン先生

生徒さんが写真付きで復習の様子をタグ付けしてシェアしてくれる中で、あれ？ みんなが同じ所でつまずいている…と気になる点があればすぐ追加の対応策を流したり、補講をすることも。タイムリーなフィードバックがあるからこそ、アフターフォローにすぐ生かせる！

❷ ストーリー機能で過去レシピのリマインド

２００を超えるレシピ動画のストックを前に、毎月新しく参加する生徒さんは何から作ろうか迷ってしまうんじゃないかな？ という懸念をきっかけに、季節に合わせたレシピを「今月のおすすめ」としてストーリー機能でシェア。「このメニューまだ作っていなかった～！」「今夜の夕飯にしよう！」と献立決めにも役立つと生徒さんからも好評の声が！

❸ 質問機能でお悩みを募集

少しハードルが高いと思われるレッスンの際は、過去にどんなところでつまずいたか、どんな工程に苦手意識があるかを質問。みんなのお悩みを把握してからレッスンを組み立てることで、それらの対策を踏まえたレシピとして還元できる

❹ アンケート機能でメニュー決め

年に数回、リクエストレッスンと名付けて習いたいメニューをコメント欄にて大募集。1000件近くになることもあるリクエストすべてに目を通し、最終的に２メニューに絞ったら、アンケート機能で最終投票！ 毎回、生徒さんの家族まで巻き込んで大盛り上がりする人気企画

期待値のズレをなくす

どんな仕事でも相手に満足して喜んでもらえたら嬉しいですよね。では「満足した」という感情はいつ、どうやって芽生えるのでしょうか？

例えば、レストランでハンバーグを食べる時。私は無意識のうちに価格や店構え、メニュー写真と過去の経験や記憶を頼りに味を想像（期待）します。ひと口食べた瞬間、その期待通りだと、満足した状態。期待を現実が超えていた時に満足感は急上昇し、期待を現実が下回った時に残念な感情に出くわす。つまり、「期待＜現実↓価値」という方程式が成り立ちます。最初から期待を上回る商品設計をするのも大切ですが、ここでは別の角度からお客様に満足していただくためのポイントをご紹介します。

それは、そもそもの〝期待値のズレをなくす〟ということです。

私のオンラインレッスンは、コロナ自粛中の無料ライブ配信をきっかけに生まれたので、いわば無料のお試し期間が長くありました。図らずもその間に、料理の傾向や、味、レッスンの流れ、カメラワーク、加えて私のキャラクターなどが広く知れ渡っていたことが安心材料となり、有料レッスンに移行して、初回から5800人という驚異の入会者数に繋がったと思っています。

サービスを有料化するにあたっては、紹介する品数を増やし、レシピの精度を磨き上げ、カリキュラムの設計もレッスンの進行も緻密に練り上げて挑みました。私の服装や言葉使いまでが、無料で行っていたプライベートのゆるい配信とは一線を画し、その違いは一目瞭然だったと思います。

お申し込みくださったみなさんからは「無料ライブとレッスンはやっぱり全然違いますね！」と初回レッスン後にたくさんの有難いお言葉をいただきました。

偶然の産物ではありますが、このお試し期間で期待値のズレをなくし、「がっかりさせたくない」の一心でレッスンをブラッシュアップさせたこと。これにより「期待＞現実↓価値」が実現、満足感は嬉しい口コミへと繋がっていきました。L'atelier de SHIORI Online（以降、アトリエ）は立ち上げ以来、広告を出稿していないのですが、これも私自身のＳＮＳや口コミを入り口にすることで期待値のズレを最小限に抑えたいからです。

思い返せば、私のデビュー作『作ってあげたい彼ごはん』も〝お試し体験〟の恩恵にあずかっています。２００７年当時、ブログ発のレシピをまとめたものが書籍になるというブームが起こり、〝彼ごはん〟もその流れに乗ることに。既に無料公開しているレシピをわざわざ本で買ってくれるのかな？　という一抹の不安がありましたが、実際は逆でした。

ブログに掲載しているレシピを試して「この人の味は好みだ」と事前に確認できる

からこそ、期待値のズレがなくなり、安心して購入できる。またブログを通して人となりを知ることで親近感を持ってもらえたり、コメントを通じた交流が生まれることで、応援したくなる関係性が構築されたのだと思います。こうしてブログ発のレシピ本は、ヒット作を出し続ける、鉄板ジャンルとなったのです。

無料のお試し期間は、作り手からすれば様々なチャレンジが許される場、そして受け手にとっては自分の好みとすり合わせができる場。両者にとってお金をかけずに効果を得られ、さらには誰もが取り入れやすいｗｉｎ－ｗｉｎな手段です。決して珍しくもない手法ですが、古典的すぎるのか…見落としてしまっている人も多いように感じ、もったいないなぁとすら思います。お客様の期待と乖離のない、より充実した商品（コンテンツ）にするためにも、貴重なブラッシュアップの機会になるからです。

ただし、これはあくまで入り口での期待値のズレをなくすためのもの。そこから先は「期待＜現実」となるよう価値を磨いて高め続けることが本当のゴールだということもお忘れなく。

コンセプトと役割を明確に

お洒落な写真、期待を煽るキャッチーな言葉。それらに惹かれて買ってみたら想像と違った…そんな経験がある人も少なくないはずです。人はモノや体験という買い物において、実用性、癒し、学び、快楽、応援など、自分にとって何かしらの利益を求めています。そのマッチングがスムーズにフィットすることは、お客様にとっては喜ばしいことであり、お客様が喜んでくれることは店やサービス提供者などの売り手にとっても嬉しいもの。

逆にミスマッチの場合、お客様側のがっかり感を生むだけでなく、悪評が売り手に返ってくることもあります。このように互いのアンハッピーな状況を避けるためにも「商品やサービスに込めた想いと役割をきちんと言語化して伝える」ということを、常日頃、意識することが大切です。

私が主宰するアトリエでは、『食卓から、暮らしを豊かに』というコンセプトを掲げています。

我ながら響きのいい、美しい言葉だと思いますが、これにはきちんとした意味があります。おいしいごはんを食べると、人は笑顔になり、機嫌が良くなる。食卓では会話が弾み、人間関係が良くなる。そうやって生活の土台が安定してくると、仕事をはじめ目の前のことに集中できたり、何か新しいチャレンジを始める力が湧いてきたり、気がつけば少しずつでも暮らしがいい方向へ進んでいく。これは、16年の料理家人生で得た確信です。

相手の心に届く力強いメッセージというのは、言葉の持つ意味や響き以上にその裏に込められた想いがにじみ出るものだ、と私は思います。だからこそ、軸となるコンセプトを大切にしなくては伝わらないのです。でもコンセプトだけではただの理想。自分の商品が相手にどんな価値を提供できるのか、その役割を具体的な手段で明確にすることは両者にとってプラスになります。『食卓から、暮らしを豊かに』というコンセプトのもとでの私の役割は食の選択肢を広げ、同時に選ぶ力を育むサポートです。

具体的な方法としては、スペースの限られるレシピ本ではどうしても書き切れない〝なぜその工程を挟むのか〟〝どういった効果が得られるのか〟ということを動画のデモンストレーションで丁寧に解説します。そうして本質的な理解を重ねることで「自力で考える力」「選ぶ力」が身につき、自由に選べる選択肢が広がることで、自信がつき、料理がもっと楽しく、もっと好きになるといった循環を目指しています。

このように、商品が担う役割までをも明確に言語化することで、お客様には自分が求める利益に相違はないかの判断材料となり、売り手にとっても自分の商品やビジョンを改めて深く理解するよい機会となります。

また、言語化する際は、流行りのフレーズや、ふわっとした表現、難しい言葉ではなく、つたない言葉でもいいので、嘘のない、商品の役割をまっすぐ表した言葉で分かりやすく。これを一番に心がけることが大切です。

集客こそとびきりの愛を込めて

商品やサービスを提供する仕事に「集客」という悩みはつきものです。どんなにいい商品であっても集客がうまくいかなければ埋もれてしまいます。逆を言えば、商品のクオリティにかかわらず、ＰＲに成功して一躍注目を浴びることもあります。

特に昨今はＳＮＳを中心に〝バズ〟に頼る集客も珍しくありません。ただし、これには注意も必要です。話題の商品を好む人は新しいものに惹かれるので、また魅力的な商品を見つけたら次に移ってしまう可能性があります。息の長い仕事を目指すには、本当に必要としてくれる人に向けた「役立つ商品（コンテンツ）」×「想いを込めた集客」が堅実です。

私の集客スタイルはというと、月に一度、月末の募集期間に流すメッセージが主です。この日のための文章を、約1ヶ月かけて準備し、伝えたい想いを全集中させます。毎月のことなので、見る人に飽きられないように、レッスンのレポートだったり、受講した生徒さんの変化の様子、料理にまつわる哲学など。様々な切り口から、オンラインレッスンの魅力を紹介しています。

対面の料理教室をやっていた頃の私はこの告知が苦手でした。「また告知？ もうお腹いっぱい！」と思われたくない。必死さがカッコ悪いよな…。また、なぜか勧誘するような後ろめたさがあり、そんな後ろ向きな考えから告知の回数を減らしたり、内容も薄く控えめにしてみたり。レッスンに空席があっても、何度も再募集をかけることに気が進まず、経営的には厳しくとも、空席を許容することもありました。

でも、気が付いたのです。人生をかけて挑む最高の商品（コンテンツ）ができたなら、それを届け切らなくちゃ意味がないということに。自分が作った商品を誰よりも自信を持っておすすめできるのは自分です。その役割にちゃんと向き合い「いいものはシェア！」「心の底から知って欲しい！」。今はそんな想いで、レッスンの魅力とそこにかける覚悟を堂々と伝えられるようになりました。その結果、アトリエは、現在1万人を超えるオンライン上の大きなコミュニティへと成長しています。

集客にとどまらず、さらに嬉しい効果がありました。様々な環境や価値観を持つ人が在籍しながらも、熱量が交差する居心地のよいコミュニティを保てているのです。

これは、繰り返し伝えてきた私の想いやスタンスにどこかしら共感してくれたという〝共通項〟があるおかげだと思っています。さらに嬉しい連鎖は止まりません。復習した料理の感想や、レッスンを受けていかに暮らしや考え方が変わったか、その過程を書き綴ってシェアしてくださる生徒さんがたくさんいます。中には、自分が始めて本当に良かったからみんなも絶対やったほうがいい！　と募集期間に合わせて告知をしてくださる方まで。私の想いと相違ない口コミが自然発生していったのです。

おかげさまで3年目に入った今も募集期限を待たずして定員に達することも多いです。集客に必勝法があるとしたら、まずは体験した人が周りに勧めたくなる〝圧倒的な商品〟を用意すること。そして、その商品を最初に購入してくれたお客様を大切にすること。目の前のお客様に満足してもらうことがその商品の価値を高めてくれるのです。集客というと、まだ見ぬ遠くのお客様に目を向けがちですが、自分に近いところからじわじわと遠くへ広げていくイメージに切り替えてみてください。

その上で、丁寧に諦めずに想いを込めた募集（宣伝）を繰り返し流すことも大切です。それまで何気なく聴いていた失恋ソングの歌詞が、ある日突然、自分が失恋を経験した途端に深く心に沁みる。そんな経験はありませんか？

「刺さるタイミング」＝「必要とするタイミング」は人それぞれ違います。だからこそ、何度も何度も繰り返し伝え続けることが大切なのです。

もしこれを読んでくださったあなたが集客でつまずいているとしたら、まずは商品とお客様にまっすぐに向き合うところから始めてみるといいと思います。

PART

3

Content creation

コンテンツ作り編

SHIORI のコンテンツはなぜいつもHITする !?
誰もが気軽に作れる時代だからこそ、
自分にしか出せない価値を追求したいところ。
書籍からオンライン料理教室まで。
時代を読んだHITコンテンツの作り方を大公開。

目指すは圧倒的な自分らしさ

コロナ禍を経て、非対面を推奨する世の中の動きにより、あらゆるサービスがオンラインで享受できる便利な時代となりましたよね。店舗を構えるような大掛かりな出費もない。少ない初期費用で、たったひとりでも始められる。それでいて個人は小回りが利く分、自分らしさを出しやすい＝尖ったものを作りやすい傾向にあります。

その結果、オンラインコンテンツにおいては、各ジャンルのインフルエンサーが発信する個人コンテンツの人気が同じ業界に属する大企業の公式アカウントに勝るケースも珍しくありません。まさに〝小さく産んで大きく育てる〟が実現可能な「魅力」と「やりがい」を併せ持っていると思います。

一方で誰にでもチャンスがあるからこそ、ライバルが多いことも事実です。

想像してみてください。オフラインでは多くの場合、同じエリアにあるお店が競合（ライバル）です。でも、どこからでもアクセスできるオンラインでは、競合が全国から全世界へと一気に広がり、その先には淘汰という厳しい現実も待ち受けています。

もちろん、例外もあると思いますし、戦い方はひとつではありません。ただ、私たちが生きるこのオンラインの時代、やはり発信するコンテンツに圧倒的な魅力がないと埋もれてしまいます。だからこそ、コンテンツ作りをサボってはいけないのです。

私が考える圧倒的コンテンツとは、そこでしか得ることができない唯一無二の価値を提供するものです。

その作り方は、まず「自分のコンテンツの核となる部分は何か？」を明確にして向き合うことから始めます。私のオンライン料理教室でいうならば「おいしいレシピ」

と「分かりやすい教え方」の大きくふたつです。

おいしいレシピと一言に言っても、世の中にそれは数多とあるので、私は自分で作るレシピのゴールを〝今までで一番おいしい〟に設定しています。これまで膨大に制作してきたレシピの焼き直しではなく、過去最高を目指す。妥協や出し惜しみをしないその姿勢が大切だと思います。もちろん、嗜好の問題があるので全員の満点は取れないことも承知しつつ、ひとりでも多く生徒さんの感動体験、成功体験へと繋がるよう、針の穴の一点を通すようなおいしさを追求しています。

このように「自己ベスト」なクオリティを目指すというのは誰でも設定しやすい目標なのではないでしょうか。

一方で、おいしいレシピができても、生徒さんが再現できなくては意味がありません。教え方を磨くことも、レシピと同等に重要です。

これまでのオンラインレッスンでもっとも教え方を工夫したのは、ハヤシライスです。じっくり時間を掛けて飴色玉ねぎを作り、トマトのほのかな酸味とうま味を重ね、薄力粉とバターを焦がして作るブラウンソース。初期の頃からリクエストの多かったハヤシライスですが、いきなり紹介するにはあまりにハードルの高いメニューでした。そのため、1年半も前からその計画は密かに始動していたのです。

それは《シチュー・グラタン・蟹クリームコロッケ》というソースの基本となるレシピのレッスンを先に組み込み、段階的に足慣らしをしてからハヤシライスに挑むという作戦でした。すべては、ブラウンソースへのスムーズなステップアップのため。レッスン当日は飴色玉ねぎの炒め具合を4段階の見本を用意して、その変化の様子を実況。味の要となるブラウンルウの焦がし具合は、悩みに悩んだ末、誰もが検索できるカラーチャートの番号をシェアし、手元のスマホで色合いを照らし合わせながら作ることを提案しました。

その結果、

「いつも作っている飴色玉ねぎは炒めが全然足りなかったことに気付きました！」

「カラーチャートのおかげで恐れず焦がすことができました」

「段階的に力を付けてきたおかげで、こんなに手間のかかるレシピにも怯むことなくチャレンジできました！」

と、想像を超える大反響がありました。従来の教え方にとらわれず、オリジナルな視点を盛り込んで工夫したことが、生徒さんの再現性を高め、かつてないほどの満足感や達成感に直結。伝説の回となり大きな話題を呼びました。

このように「おいしいレシピ」と「分かりやすい教え方」のクオリティをさらに引き上げるのが「オリジナルな視点」です。レシピが溢れる時代だからこそ、どうしてこのレシピが生まれたのか？　その背景にある自分だけのストーリーや想いを伝えること、自分らしいアイデアを教え方に盛り込むことが差別化に繋がり、唯一無二の価値を高めてくれます。

自己ベストまで磨き上げた「クオリティ」に、自分らしさという「オリジナリティ」を掛け合わせることで、他では得ることができない唯一無二の「圧倒的コンテンツ」の誕生を可能にします。

想像力で寄り添う

天才と言われるほどに圧倒的な才能やセンスがあれば、自分が表現したいことをやり抜くことで人々が魅了され、仕事が成立します。しかしながら、そのような突き抜けた才能を持つ人はほんのひと握りではないでしょうか。もちろん、私自身も持っていません。それでも「想像力」で相手の目線に立ち、寄り添う力があれば、才能はいくらでもカバーできると思うのです。

相手の目線に立つというのは、自分が相手の立場だったらどう感じるかを自分ごととして向き合うことです。

私のコンテンツ（レシピ）作りは「自分だったら…」の想像を元に、相手の暮らしに役立つことを徹底的に心掛けてきました。

昨年、韓国料理のユッケジャン（牛肉を使った辛いスープ）を紹介するレッスンがありました。本場の作り方に寄せて試作を重ね、満足のいくおいしいスープが完成しましたが、生徒さんの目線に立って想像してみると心に引っ掛かるものがありました。ユッケジャンは手間ひまはかかるものの、シチューのようなゴロッとした具材が入るわけではないので、おかずをまた別に作ることが予想されます。そう考えるとメインになりにくいスープというジャンルは手軽なレシピでこそ作りやすく、喜ばれるよなぁと。その一方で「せっかく習うなら」と本格的なレシピを楽しみにしてくれている生徒さんの様子も目に浮かびました。

そこで「本格バージョンとお手軽バージョンの2本立てで紹介したらこのレシピはより食卓に役立つはず」という仮説のもと、レッスンに挑むことに。この〝選べるレシピ〟は、初心者から上級者まで幅広いレベルの生徒さんが、気分やシーンによって使い分けができる。一方を試せばもう一方も気になる。〝どちらも試したくなるレシピ〟として、ユッケジャンの食卓への浸透を加速させる、狙い通りの結果となりました。

「自分がされて嬉しいことを人にもしてあげなさい。逆に自分がされて嫌なことを人にしちゃいけないよ」

これは、あまり口うるさいことを言わなかった両親が、繰り返し伝えてくれた教えです。加えて、人に喜んでもらうことに幸せを感じる私は「どうしたら相手が喜んでくれるか」を考えることが昔から好きで、小学2年生で料理を始めたのも父が喜んでくれたことがきっかけでした。

想像して実践して、相手の喜ぶ姿が嬉しくてまた想像して。そんなことを繰り返し、小さな成功体験を積み重ねることで、想像はより細部にわたるようになり、その感覚は研ぎ澄まされる。そうして想像力は鍛えられるのです。

自分の経験や価値観が想像力の支えとなるので、本を読んだり、旅をしたり、積極的に自分と異なる意見を持つ人と触れ合ったり。自分と違う世界や考えを知り、受け入れ、日頃から意識的にその幅を広げることが大切です。

同時に、想像力を働かせる際に「答えはひとつじゃない」という多様性の概念を持てると、物事を多角的に、より柔軟に考えられるようになります。

20代の私は自分のものさしだけで物事を判断しがちでした。うまくいかない時「どうしてわかってくれないんだろう」と原因を相手のせいにし、その視野の狭さ、想像力の欠如が事態を悪化させ、人間関係の悩みを度々抱えていました。そんな私も、相手には相手の事情、立場、考えがあり「見えているものが違うのかもしれない」という気づきを得た時、これまでの自分の態度を猛省し、変わりました。歩み寄ることを覚え、互いにとって心地のよい着地点を探せるようになったのです。

この視点はコンテンツ作りでもとても大切にしています。立場が違えば見える景色も異なることを胸に刻み、正義とか正解とか絶対で決め付ける事をやめ、自分には見えていない裏側を想像する。視野が広がることで気がつくことも格段に増え、相手に寄り添うことができる。想像力は〝よく気がつく人〟〝寄り添い力のある人〟という新たな強みを育んでくれるのです。

想像力で寄り添ったコミュニケーションを積み重ねることで生徒さんとの信頼関係も深まり、今では『ＳＨＩＯＲＩさんが言うなら信じてやってみよう！』とチャレンジさえも一緒に楽しめる絆を実感しています。

求められているものは「変化」

現在、私のオンラインレッスンには10代から70代の幅広い生徒さんが在籍しています。「学生時代以来のインプットです！」という方も多く、「人はいくつになっても学ぶことができるんですね」と、自身の学びや成長を喜ぶ声がやみません。

このことからも、有料のコンテンツに加入し、多くの人が手に入れたいと望むのは、日常のちょっとした「変化」なのだと思い知りました。価値観の変化、人間関係の変化、体調の変化、暮らしの変化…ｅｔｃ.。成長や改善を伴う前向きな変化を実感すればするほど、そのコンテンツは生活に深く浸透し、長く愛されることになります。

だからこそコンテンツを作る時は、「相手にどんな変化を受け取ってほしいか」を徹底的にイメージすることから始めます。

それには、どうするか？

料理家の私の場合でいうと「おいしいレシピ」だけでもコンテンツは成立しますが、

それでは「おいしかった！」という感想、つまり点で終わってしまい変化を実感するところまでは到達しにくいものです。もっと具体的なゴールを設定し、そこから逆算するように過程をデザインします。「おいしいレシピを起点に〝食卓から暮らしが豊かになった〟という変化を受け取ってもらう」をゴールにしたコンテンツ作りを意識するだけで、ちらばった点は線へと繋がり、やがて面となり、変化をより一層実感してもらいやすくなるのです。

ひとつ具体的な事例を紹介します。

料理で変化（成長）を実感する瞬間といえば、冷蔵庫にあるものでパパッと作れるようになる。短時間で何品も作れるようになる。献立に悩まないようになる。など色々ありますが、長年たくさんの生徒さんを見てきた私が設定する「成長実感ポイント」はこんな感じです。

料理教室の成長実感ポイント

素材の味を生かせる

よりシンプルな味付けで自己ベストの味を出せる経験は大きな自信に繋がる

旬を身近なものにする

旬を食卓に取り入れる習慣がつくと季節の移ろいに敏感になり暮らしを楽しんでいる実感が湧く

買ったり外で食べるのが当たり前だったものが作れるようになる

初めて挑戦するワクワク感、おいしく作れた時の達成感、食卓に笑顔が広がる瞬間の幸福感。作れなくても人生でなんら問題ないものを、あえて作ることで得られる充実感は豊かさに通ずるこのように、私が考える「成長実感ポイント」は、テクニックやレパートリーを増やすといったものだけではありません。考え方や暮らしそのものの変化に繋がりやすいという視点で設定し、おいしいレシピを通じて、さりげなく、繰り返し、カリキュラムに組み込んでいます。これらの変化のひとつひとつは小さな実感でも、積み重ねることで「食卓から暮らしが変わった！」という大きな実感へと繋がるのです。

これは、料理に限らずあらゆるジャンルのコンテンツ作りに応用できます。まずは目指すコンテンツにおいて、自分自身が実感した嬉しい変化を書き出すところから始めるのもいいですね。

相手の明るい未来を想像し、その過程を伴走することは、充実感や達成感を共に分かち合うような感覚があります。変化の実感に比例してリピートや口コミに繋がるという嬉しい側面もありますが、私にとってそれ以上の喜びは、両者の間に深い信頼関係が生まれることです。この信頼関係の蓄積により、コンテンツに関わるみんながやりがいや喜びを感じ〝全員が幸せになる〟が実現するからです。

コンテンツには暮らしをよくする、ひいては人生を豊かにする力が存在する。変化に繋げられるかどうかが、最大の鍵です。

ひとさじのユーモア

「長生きカルボナーラ」「ご自愛フォー」「貴族のチャーハン」「悪戦苦闘しない蟹クリームコロッケ」。この聞きなれない摩訶不思議なネーミングは、私が名付けたレッスン用レシピ名の一部です。

例えば「長生きカルボナーラ」

息子が生まれ、自分の食べたいタイミングで食事がとれないことを思い知った私にとって、時間が経つと麺とソースがくっついてしまうカルボナーラの短命問題は深刻でした。時間差で食べ始めることの多いお母さんが最後までおいしく食べられるカルボナーラを作りたい。試作を重ね、カルボナーラの濃厚さは諦めずに10分経ってもおいしさが続く「長生きカルボナーラ」のレシピとネーミングは誕生しました。

煮込み料理を紹介する際、素材を合わせた直後の鍋の中は「新学期前のオリエンテーション」という設定から始まります。やがて2学期、3学期と徐々に素材同士がなじみ、目指すは別れを惜しむほどに素材が調和して仲良くなった謝恩会の状態。時間差投入の素材は転校生として鍋の中にやってくる。私のレッスンでは、もはやお決まりの状況説明です。

「腹・背・背・腹」という魚の三枚おろしの基本は「ハラ・セッセ・ハラー」という呪文仕立てに変換。「魚を上手に三枚におろせる魔法」という切り口で紹介し、みんなで繰り返し復唱しながら捌《さば》きました。

他にもクイズ、フリップ、着ぐるみ、小道具…料理教室とは思えない調理以外の仕込みを用意して挑むのは、約2時間半あるレッスンを飽きずに楽しんでほしいという思いから。

飽きずに見続けたいと思える魅力的なコンテンツにするには、ためになる真面目さだけではなく、笑いや休憩というメリハリが必要です。最初は、生徒さんがクスッと笑ってくれたり、和んでくれたらいいなと思って取り入れ始めましたが、続けているうちに、思わぬ形の手応えを感じるようになりました。というのは、生徒さんからのフィードバックに度々私の珍フレーズが登場したのです！「涙が出るほど笑った」「元気が出た」という嬉しい声の他に、「復習時おおいに役立ちました」というコメントも目立つように。

思わず口ずさみたくなるキャッチーな言葉やテンポの良い語呂は記憶に残ります。長いレッスンのすべてを記憶することは不可能ですが、ワンフレーズの鮮明な記憶は復習をする時の助けになることが分かりました。これ以降、大事なポイントこそ、面白おかしくキャッチーな言葉をちりばめる。意識的に記憶に残る楽しい言葉を発するようになりました。

コンテンツ作りにおいて誠実さは大事ですが、真面目一辺倒では楽しくありません。いかにユーモアを持って学びと楽しさを両立させるかを考えるのも大切な視点です。楽しいものを作るにはまず自分が楽しむことから。いつまでたっても遊び心を持ち続けていたいですね。

ふつうの中のあたらしい

これまでのキャリアを振り返ると、「なかったら作ればいい」の発想で時代を切り開くコンテンツ作りに力を注いできたなと思います。周囲から「どうやったら時代の一歩先を読めるの?」と質問いただくことがありましたが、狙ったわけではないので、正直なところ当時はよく分かりませんでした。

社会の変化を逐一分析しながら時代の先を予測して行動しているわけでもなく、自分がその時、本当にやりたいと思うことに全力投球してきただけ。だからいつも「運が良かった」と答えていました。（これは今も本当に心から思っています）

それでもよくよく考えてみると、私のコンテンツ作りにはある法則があることに気が付きました。私が大切にしてきたのは、時代の先読みを意識することではなく、時代に逆行してでも流行に左右されない普遍的な価値を追求するということです。

「若い女性のためのレシピ本」も「100％ヴィーガンのファラフェルスタンド」も「試食のできないオンライン料理教室」も、既存のビジネス構造を根底から覆す奇天外なアイデアではありません。すでに親しまれているジャンル（料理）において、まだ誰もやっていなさそうな〝隙間〟を見つけ、そこに私なりのエッセンスを掛け合わせることで生まれました。

例えば、デビュー作の『作ってあげたい彼ごはん』で紹介した料理はほとんどが定番料理です。初めて料理を作る女の子が、食べ慣れた定番料理なら「あの味が作れた！」という達成感を得て自信がつく。食べる相手は、いつもの慣れ親しんだ味に安心し、素直に喜びを表現しやすい。両者がハッピーです。これがもし斬新奇抜な創作料理のレシピだったら？　初めて料理を作る女の子は「この味で合っているのかな…」と不安を覚え、食べる相手も初めての味においしさよりも驚きが勝り、ちょっと微妙なリアクション…。そんな場面を想像し、掲載するレシピのベースはあえてみんなが愛する、ありふれたという意味で「ふつう」の定番料理にこだわりました。その代わり、味つけや素材の組み合わせ、調理工程や盛り付けの工夫で「ふつうの中のあたらしい」を目指したのです。

誰も食べたことがない食材の組み合わせや調理法、味付けで構成される100％オリジナル料理は、斬新すぎて受け入れられなかったり、好き嫌いが極端に分かれたり、世の中に定着するまでに時間が掛かります。これは仕事にも同じことがいえます。

逆に、みんなの暮らしの中に〝ふつう〟として溶け込んでいながら、少しの〝あたらしい〟を感じられると、その安心感から人はチャレンジしやすくなります。浸透のスピードは加速し、広範囲に行き渡る訴求力があります。その結果、時代を牽引するちょっと新しいコンテンツに見えるのかもしれないということに気がつきました。

時代を先読みするセンスを身に付けたいと考えるなら、未来を予測したり、世紀の大発明を狙う前に、すでに「ふつう」として社会に根付いているモノゴトに着目してみてください。例えば100円ショップで売っている便利なキッチングッズは一般の主婦が起案したものも多いそうです。

あなたの身近にも、「ありそうでなかった」「あったら嬉しい」が潜んでいるはず。

そこを掘り下げていくと、親しみやすさと勢いのあるコンテンツが誕生します。

自分こそが一番のヘビーユーザー

自分自身がヘビーユーザーで一番のファン。寝ても冷めても飽きることなく愛情を注げるコンテンツを作ること。詰まるところ、これに尽きると思います。

かくいう私も、自分が作るコンテンツを誰よりも愛用している自信があります。長年料理を仕事にしているので当然目分量でも作れますが、それでも毎回レッスンレシピを参考にしているのは、一番スムーズに、確実においしく作れることをコンテンツを作る私自身がよく理解しているからです。生徒さんの復習投稿を見て「今夜はアレ作ろう！」と献立のヒントをもらうこともしょっちゅうあります。

私だけではなく、運営チームのスタッフみんながユーザー目線で日々使いこなしているからこそ、ちょっとした使いにくさを改善したり、生徒さんの声をいち早くキャッチして新サービスを導入したり、現状に満足せずより良いコンテンツを目指す姿勢に繋がっています。

今ではデフォルト機能として浸透していますが、レッスン動画の見たいシーンをピンポイントで再生できるように細かなタイムテーブルを添えたり、レシピindexを作ったり、私が毎月書いているメニューイラストを一覧にして配布するといったサービスも、スタッフの「あったらいいな」や生徒さんのお声を拾って誕生したものです。3年目に入った今も、使いやすさを追求し、日々アップデートを繰り返しています。

どんなに言葉巧みに魅力を述べるより、コンテンツの作り手自身が虜となり、楽しく使いこなす姿のほうが説得力があると思いませんか？　心から人に勧めたいものを作れば、自分自身がヘビーユーザーになるはずです。ヘビーユーザーとなり、その魅力を知れば知るほど周りに心から勧めたくなる。正々堂々、この一連の流れを貫けることがコンテンツへの信頼の証となります。

弱みは強みで乗り越える

コンテンツ作りをしていると、何かしらの壁にぶち当たることがあると思います。そんな時は、常識を取り払い、もう一度、目の前にある価値と向き合うことで、解決策が見えてきます。

オンライン料理教室は、対面の教室とは違って、香りを届けることはおろか、試食をすることもできません。対面なら五感を使ってフルにおいしさを体感してもらえるところ、オンラインで届けられるのは音と映像のみ。圧倒的に不利なのです。対面の料理教室を長年やってきたので、そんな状況下で生徒さんに満足してもらえるわけがない！　と最初は本気で思っていました。

とはいえ、コロナの襲来と共に時代が大きく変わった２０２０年。今までの常識は大きく覆り、できないことを嘆いていては前に進めません。では何をしたか？　考え抜いて導き出した答えはシンプルで、「レシピ」の精度を今まで以上に磨くことに。

素材違い（品種違いや複数のメーカーなど）、配合違い、工程違い、加熱時間の違い、調理道具の違い…。月１回のレッスン本番に向け、あらゆる場面の質問を想定し、何十回もの試作を経て事前にできる限りの私なりの答えを準備します。手に入る食材も、キッチン環境も、料理の経験値もばらばら。そんな全世界にいる生徒さんに向け、対面の料理教室で教えていた頃よりも緻密なレシピ設計を徹底しました。

試食で味の共有ができない弱みは、多角的にシミュレーションを重ね、レシピに添える情報量を増やすことで、みんながたどり着ける「再現性の高いおいしいレシピ」という強みに変わったのです。

いざレッスンが走り始めると、復習率は対面のレッスン時より圧倒的に高い結果となりました。熱のこもったレッスンは、その場で試食ができないからこそ「早く作って味を確かめたい！」と、生徒さんの復習熱にも火をつけたようです。

量と質を満たした情報でのサポートにより、安心して復習に挑めること。さらには、アーカイブで繰り返し動画を見ることもできる。成功例はもちろん失敗例さえもリアルな体験談としてタイムラグなくどんどんシェアされる、というオンラインならではの強みが復習率の向上に直結したように思います。

ピンチはチャンスとはまさにその通りで、制限があることとは、プラスに捉えると制限された範囲に集中できるということです。それを妥協なく突き詰めることで開ける道があります。

ないものに目を向けるのではなく、今ある価値を最大化する。弱みと向き合うことは、あなたの強みを磨く絶好のチャンスなのです。

PART

4

Communication

コミュニケーション編

お客様とは相思相愛になり、スタッフとは以心伝心の関係を築きたい。
非リアルのコミュニケーションが進んでいる時代の理想的な「伝え方」とは？
仕事も人間関係も良くなる、
コミュニケーションの〝さしすせそ〟があるんです。

感謝を伝える

私がコミュニケーションを取る上で一番大切にしているのは、感謝の気持ちをきちんと言葉にして相手に伝えることです。

ちょっとした連絡をくれた相手に。毎朝ゴミを片付けてくれるマンションの管理人さんに。初めましての相手はもちろんのこと、「言わなくても伝わるよね」という馴れ合いの空気が通用しやすい、親しい相手にこそより強く意識するようにしています。その甲斐もあってか「ありがとう」が頻繁に飛び交う我が家では、「ありがとうと言ってくれてありがとう」という返しで終わることも珍しくありません。

「ありがとう」と感謝を伝えることは、あなたのしてくれた心遣いが嬉しかった、助かりました、という意思表示でもあります。それは、相手の存在を受け入れ肯定する行為だと思うのです。

例えば電車で席を譲ろうか悩んだ経験はありませんか？　余計なお世話かもしれない、でも必要としているかもしれない。そんな狭間で悩みつつも、勇気を持って行動に移した時「ありがとう」と言ってもらえたら、見返りを求めてやったわけではなくてもやっぱり嬉しい。それが本音です。なぜなら、その一言で「やってよかった」と自分のした何気ない判断や行動が肯定され、自信に繋がるからです。

そしてその小さな成功体験は「また次もやってみよう！」と、未来のやさしい行動をも後押しし、思いやりの循環を生む可能性があります。

「ありがとう」の反対語を考えたことはありますか？

私も少し前に、それは「当たり前」だということを知りました。ありがとうの語源は「有難し（ありがたし）」で、有る（ある）ことが難い（がたい）、つまりあることが難しいという意味。よって、その反対語は「当たり前」だそうです。確かに当たり前と思っていたら、感謝の気持ちは湧いてこないですよね。

私も人間なので、他者の言動にイラッとすることもモヤッとすることも、納得できないことももちろんあります。でも、「人からしてもらえる当たり前はない」と胸に留めておくだけで、そんな気持ちの葛藤の先に折り合いを付けることができます。それでも…どうしてもダメな時は、反面教師として受け止めることにしています。

「ありがとう」が日常に飛び交えば、伝えたほうも伝えられたほうも幸せな気持ちになる。言葉にするだけで、互いを想いやるやさしい気持ちが潤滑油となり、ぬくもりある人間関係の構築に繋がる。たった5文字の「ありがとう」にはそんな力があると信じています。

くどいくらいがちょうどいい

私は日頃、レッスン中やスタッフミーティングの場面で同じ発言を繰り返したり、二重三重の確認をとったりします。これには理由がふたつあって、極度な心配性なこと、そして全員が集中して自分の話を聞いているわけではないという自覚があるからです。

サービスを提供する中で「これだけ繰り返し伝えてもどうして伝わらないんだろう?」と思うことがあります。でも、いざ自分がサービスを利用する側、情報を受け取る側にまわると、説明をよく読まなかったり、聞いているつもりで他のことを考えていたり、自分に都合の良い解釈をしてしまっていたり、そもそも気に留めていなかったり…。伝わらないことを責められる立場には到底ありません。

そんな気付きを得てからは「もう何度も伝えてるのに！」と一方的に腹を立てていては何も解決しないことを悟り、相手の立場に寄り添ってもっと分かりやすい別の伝え方を模索したり、繰り返し根気よく伝え〝届け切る〟ことを意識するようになりました。

告知や宣伝も同じです。

代官山のキッチンスタジオは、コロナの襲来と息子の難聴が分かったことがきっかけに、2020年に突如幕をおろすことになりました。ｃｌｏｓｅのお知らせをすると、一度行ってみたかった、次があれば絶対に行きたい、と、その最後を惜しむ数え切れないほどのメッセージをいただきました。何かを始めれば、やがて終わりが来ます。そして「もっと早くにアトリエの存在を知りたかった、ずっと行きたかった」という無念の声が必ず上がります。これは、いつか…と先送りにした相手の都合もありますが、シンプルにその時届けるべき人に届け切ることができなかったということなんだと思いました。

当時、教室に来てくれた目の前の生徒さんには精一杯の想いを伝えることができたものの、そこで満足してしまっていた自分がいました。その先に広めることは誰かがやってくれる、どこか人任せにしていたのです。伝え広める努力、行動が足りなかったことが今なら分かります。後悔を生んだこの出来事をきっかけに、告知や宣伝も「言ったから、伝えたから大丈夫は通用しない」を肝に銘じ、相手に届くまで、届け切るまで伝え続ける。そんな覚悟が備わりました。

何度も同じことを伝えると、しつこい、と煙たがられるリスクもあります。それでも後から後悔したり、知らなかったと悲しむ人がいることよりはまだいいや、と今なら思えます。

周りにそれほどに宣伝している人がいたらそれだけ本気。覚悟を決めてからは見える景色も変わりました。恥ずかしいとか、カッコ悪いとか、自分がどう見えるかよりも、届け切る覚悟を決めた人。そんな人を見かけたら私も全力で応援したいと思うようになりました。

大前提として、一対一の対面とは違い、不特定多数に向けたコミュニケーションにおいては周知されるまでに想像以上に時間を要します。

だからこそ、「大事なことだから何度も言うね」と相手に届くまで〝くどいくらい〟に根気よくがちょうどいいと思っています。

伝わる言葉とタイミング

個人がメディアを持つことができる今の時代、言語化能力を磨くことはもはや必須です。商品やサービス、コンテンツのクオリティを追求するのと同じくらい、その魅力を十分に伝え切るための言葉選びが重要になってきます。

コロナ禍を経て、ライブ配信を目にする機会が増えましたが、たくさんの視聴者を惹きつけている人には共通点があります。

私が見ていて心地がいいな、と感じるのは、〝独自の視点と自分の考え〟を持ち、〝自分の言葉〟を発する人。用意された原稿を読んだり、当たり障りのない言葉を並べるのではなく、誰に忖度することもなく本音で話しているのが伝わり好感が持てます。もうひとつは、相手の立場に立ち、どうやったら伝わるかを細部まで考え抜き言葉にできる人。圧倒的な愛と想像力がある人です。

〝伝わる言葉〟に〝伝えるタイミング〟がぴたっとはまると、メッセージは相手により深く届くことになります。そう実感させられた忘れられない出来事がふたつあります。

ひとつは2020年の7月。レッスンで手間の掛かるバターチキンカレーを紹介した直後、復習してくれた生徒さんの感想を聞こうとライブ配信をした時のことです。

達成感や喜びで盛り上がるコメント欄を見たら、ふと気になって「これだけ手間暇かけて作ったバターチキンカレーをあなたならいくらで売りたいですか？」と投げかけました。すると「材料費にこれくらい、これだけ手間暇をかけたから2000円、いや、3000円は欲しい！」と、コメント欄の金額は急上昇。「でも待って？　みんなは普段いくらで食べている？　インド料理屋さんのランチなら800～1000円でサラダにラッシーまで楽しめることもある。自分で作ってみるとこの価格の有り難みがわかる。でもお得の裏で誰かが悲しい思いをしたり、苦しんだりする価格ではなくて、真っ当な価格を見極めて気持ちよく支払うことも大切。安いだけを良しとしない、安すぎるモノには疑問を持ち、価格の裏側を想像する癖をつけよう」

いつかみんなに伝えたいと思っていたことがつい口に出てしまいました。すると

「今まで安さを基準に選んでいたけれど、自分で体験し、その大変さを知ることで見合う金額を払いたいと思うようになりました!」「価格やお得に対する考えが改まりました!」と、たくさんの共感の声でコメント欄が埋め尽くされました。

こういう真面目な話はある日突然しても、響きません。どんなに意義のあるメッセージも、自分ごととして捉えられるタイミングで伝えないと相手には届きにくく、頭ではわかっているけど遠い誰かの話として流れてしまうのです。それでも、実際に自分が体験して自分ごとになった時、言葉はより深く伝わり、その人の価値観や行動に大きな変化を与えることがあります。

ふたつ目は、2021年の1月。コロナウイルスによる2度目の緊急事態宣言が出た際に『料理がつらいあなたへ』(109ページに記事全文へのQRコードあり)というメッセージをnoteに投稿した時のことです。再びのステイホームで食事が家中心になることに頭を抱え、しんどい思いをする人が確実に増える。そう思うといてもたってもいられず、必死に書き綴ったものでした。料理でつらい思いをしている人の心が少しでも軽くなればという一心で。8000字を超えるこの投稿への反響は想像を超えてきました。現実から目を背けるのではなく自らの手で、状況を変えてみよう。数え切れないほどの食卓に希望と意欲に満ちた小さな革命が起こったのです。

話は少しそれますが、うちの息子（3歳）はかなりの偏食。味を知っている慣れ親しんだものしか口にしたがらないので、新しいものを食べさせるのに毎度苦労します。ハンバーガーも何度かトライするものの拒絶。

そんなある日、療育先でハンバーガー屋さんごっこをしました。これはチャンス！と思い、その日の帰り道に「ハンバーガー食べてみる？」と聞くと満面の笑みで「うん！」と返事があり、実際に驚くほどよく食べました。仕事に限らず相手の心を動かし、その先の行動に繋げたい。そんな大事なメッセージこそ、投げかけるタイミングの見極めが大切です。

そのためには、日頃から興味に繋がるトスを投げ続けること。興味の扉が開いて自分ごととなる瞬間を見逃さないように相手をよく観察すること。ここぞという大切なメッセージほど、伝わる言葉と伝わるタイミングで届けてみてください。

料理がつらい
あなたへ

こちらから読めます
▼

2021年1月22日公開
の『note』より

来るもの拒まず、去るものにエールを

オンライン上のコミュニティが定着した昨今、その運営スタイルは様々です。会費を高く設定したり、入会時に厳しい審査を設けることで入口を狭め、コミュニティの治安を守り、安心して素の自分を解放してもらうやり方もそのひとつだと思います。

一方で私は真逆のスタンスです。基本的にどなたでもウエルカム。サポートがきちんと行き届くよう毎月の募集人数は上限を設定していますが、それも一瞬で売り切れとならないように余裕を持たせています。入会金も、会員登録料もありません。入りたい時に入って、やめたい時にやめられる。相手にとって本当に必要な時に寄り添えるサポーターでありたい、という切なる願いからです。

仕事の繁忙期や引っ越し、出産、体調不良など様々な理由で退会される際、「やめる前に一言お礼を言いたくて！」「落ちついたら必ず戻ってきます！」。そんな嬉しいメッセージを度々目にしてきました。中には、アトリエでの体験をきっかけに自分でも新しいことに挑戦したくなり、その時間の捻出のため、一旦卒業します！　という前向きなお声も少なくありません。

日頃いただくメッセージのすべてに私からお返事する事はできていませんが、それでも退会する方のメッセージを見付けた際は、コミュニティに参加してくださったことへのお礼を必ず送るようにしています。短い期間でもご縁があり、次のステップに進む人へ感謝を込めたエールで気持ちよく送り出す。それが私の役目だと思っています。

時には、そんなやりとりを公開し、退会を迷っている生徒さんの後押しをすることもあります。わざわざ退会を後押しするなんて…ビジネスとしては珍しいやり方かもしれませんが、やめ時を見失い惰性で続けられるより「参加してよかったなぁ。またいつかやりたいな」と思ってもらえる関係のほうが両者にとって幸せだと思います。

お互いにとって心地のよい区切りを目指す。それは〝必要な時に寄り添うサポーターを全うする〟というスタッフみんなの意識から来ています。スタッフの間で退会ではなく、卒業と呼んでいるのもそんな気持ちからです。この運営方針のもと、有難いことに、毎月入会してくださる方の15％ほどは再入会の方です。

囲い込むのではなく、〝来るものは拒まず、去るものにはエールを〟。
排他的なプレミア感より、みんなを包み込む安心感を。

自由に行き来できる風通しの良さを大切に、人間と同じように新陳代謝し続けるコミュニティでありたいなと思っています。

PART

5

Team building

チーム作り編

家族を含む少数精鋭のチームで
約1万人のオンライン料理教室を切り盛りするSHIORI。
メンバーと信頼関係を築き、モチベーションを高め、
それぞれの能力を最大化するために
工夫している大切なことをお伝えします。

ビジネスパートナーの見つけ方

20代前半の駆け出しだった頃、私の行動力を評価し、活動をサポートしたいと熱心に声をかけてくれる人が現れました。共通の友人がいた安心感と、自分の才能を認めてもらえた嬉しさもあり、マネジメントをお願いすることに。しかし蓋を開けてみると価値観が大きく異なり、ほどなくマネジメントは解消。社会に出て間もなく、無知だった私は強い精神的ダメージを受ける経験をしました。

この時の苦い経験から、ビジネスパートナーという存在には慎重になっていましたが…時は流れ、私にとって未知のジャンルだったオンラインレッスンが実現したのは、他でもない、現パートナーで友人でもあるめいさんのおかげなのです。「スタッフめい」として日頃からアトリエのSNSにも登場しているので、生徒さんにとってはおなじみの存在かもしれません。

理系でITを得意としていながらコミュニケーション論を学び、ヒューストンやデンマークで暮らした経験もある彼女は、視野の広さも考え方も私にはない素晴らしいものを持っています。そんな彼女とは、もう10年以上も前に仕事を通じて出会いました。何せ私が人見知りであるがゆえに、すぐに意気投合！　というわけではありませんでしたが、SNSで繋がっていたおかげで、ゆっくり時間をかけて互いを知っていくことに。やがて彼女を頼って単発の仕事を依頼すると、1を伝えて10汲み取ってくれるような、期待を上回る完璧かつ丁寧な仕事ぶりとその姿勢に深い感動を覚えました。悩みを相談すれば私の気持ちに寄り添いながらも、嘘やお世辞のないまっすぐで正直な意見をくれる。いつしか全幅の信頼を寄せる存在となりました。

現在はそんな彼女を中心としたチームに、アトリエの運営を委託し、私はコンテンツ制作に集中するという分業制にしています。

ビジネスパートナーと二人三脚、はたまたチームを組むことは、知恵と作業量が増える分、仕事の幅が広がるだけでなく、クオリティや生産性も上がります。

一方で、パートナーとうまくいかなければ、昔の私のようにつらく苦い経験をする人も少なくないはず。人の悩みの大半は人間関係にあると言ってもいいほどで、価値観の不一致が招くストレスは、仕事はもちろん、精神や健康にも悪影響を及ぼします。

20代半ばは芸能事務所（文化人部門）に所属し、20代最後の歳に独立して起業。社員からアルバイトまで多数のスタッフを抱え、社長というよりは寮母のような感覚で働いた時期が7年間。良いこともしんどいこともありました。多くの学びを得た中で、今の私がビジネスパートナーを見つける際に着目する点をご紹介します。

ビジネスパートナーに求める要素

得意分野が異なる

互いの強みで相乗効果を生み、弱みは補い合える関係性

違う発想を持ちながらも理想とするビジョンが近い

手段は違えど同じゴールを目指せる

人・お金・時間に対する価値観が近い

仕事をする上で大切な3つに対する価値観が似ている事が望ましい。
私とめいさんの関係性でいうと
【お金は大事だがお金儲けを最優先しない】
【相手(自分)の時間を無駄にしない】【一番に人を大切にする】
この感覚が似ているので判断がとてもスムーズ。

力関係がフラット

言いたい事を本音できちんと言い合える関係性

リスペクトできる

互いの違いを尊重し、認め合い、尊敬できる

理想に当てはまる人と出会えたら、まずは単発の仕事を一緒にやってみるのがおすすめです。

長く一緒に働く上では波長が合うという感覚も見過ごせません。メールをやり取りするテンポ（即レスなのか、じっくり考えるタイプか）、日常のコミュニケーションの量（短いやり取りをこまめにするタイプか、長いメールで一度にまとめるタイプか）などは実際に一緒に仕事をしてみないことには分かりません。仕事のクオリティに不満はなくとも、コミュニケーションにおいて「イラッと」「モヤッと」が多い相手は難しいですよね。互いの相性を確認しながら仕事で関わる領域を段階的に広げていくのが堅実です。

それからもうひとつ、友人だから大丈夫という思い込みは要注意。仕事とプライベートの顔が違う人は多いです。どんなにプライベートの良い面を知っていても、仕事の相性がいいとは限りません。うまくいかなかった時、仕事も友人関係も破綻しかねないので、そこは慎重に進めましょう。

正直にいえば、彼女に対してビジネスパートナーという感覚は私にはありません。彼女やその家族に何かあれば全力で力になりたい。そんな大袈裟な〝何か〟が起こらなくとも、いつも幸せでいてほしい。心からそう願える、仕事だけの関係ではないからです。

結局のところ、人として好きか、その直感は正しい気がします。

心は家族のように近い存在でありつつも、馴れ合わず、より良い未来を共に目指せる。そんな同志がビジネスパートナーでいてくれることは、苦労を半分、喜びは2倍にし、心の安定に繋がります。

クレドのすゝめ

アトリエには、月1回、公開期限を1ヶ月とした「SHIORIんちの食卓」というおまけコンテンツがありました。それはいつしか「期限内に視聴が間に合わない」「期限を延ばしてほしい」といった声を多くいただくようになりました。

公開期限についてのアンケートをとると、「ずっと残してほしい」という声が9割。一方で、「期限があるからこそ毎月時間を作って頑張れた」「今まで期限内に見たことが無駄になる気がする」「いつでも見られるようになると損した気持ちになる」などのご意見とともに1割の方は今まで通りの期限付きを希望されるという結果でした。

圧倒的な差はあれど、少数派のみなさんのご意見もレッスンにまっすぐ向き合っていることが伝わるものばかりでした。だからこそ単純な多数決で決めることは避け、それぞれの想いを尊重し、スタッフ間で慎重に協議を進めることに。期間限定で公開することが、本当に生徒さんの食卓を豊かにできるのか？　仕事の繁忙期や、病気、出産など、暮らしの変化は誰にでも起こりうる。みんなに安心してマイペースで楽しんでもらうにはどうしたら良いか。

何度も話し合いを重ね、葛藤しながら答えを探す中で運営スタッフの岩宮さんから提案がありました。「今後も迷ったり、悩んだりした時に道しるべとなるクレドを作るのはどうですか？　私の会社には〝クレド〟という行動指針があり、何かに迷うことがあればクレドに立ち戻るんです」

この時〝クレド〟という単語を初めて聞いたにもかかわらず、それこそ我がコミュニティにぴったりだ！　とビビッときました。

その日から約2ヶ月を要し、私の信念にスタッフみんなの理想のコミュニティ像を肉付けしながら、丁寧に時間をかけてアトリエのクレドは完成しました。そしてクレドを作り上げる中で、私たちが大切にしたい価値観が明確となり、全員が納得して答えを出すことができたのです。

最終的には、コンセプトであり、運営チームのミッションでもある『食卓から、暮らしを豊かに』という本質に立ち返ることで、おまけコンテンツ動画はいつでも繰り返し見られるように【公開期限を無期限にする】という決定に至りました。

立場も環境も考え方も異なる人が集まれば、意見が食い違うのも当然です。それらの違いを認め合い、尊重すればするほど、物事をひとつにまとめて進めるのは難しくなります。そのことを身を持って実感した私たちは、結論と同時にクレドを発表しました。

「たくさんの人が集う場で、みんなの意見が違うのは自然なこと。それでもこのコミュニティ内ではこういう考え方を基盤に運営していきます。ルールで縛るのではなく、大切にしていきたい価値観をシェアします」

この日を境に、そこからは折に触れて、繰り返し、繰り返しコミュニティへクレドの存在を伝え続けることを意識しました。

そんな私たちのクレドはこちらです。

L'atelier de SHIORI Onlineのクレド

CREDO 01

〝自分〟という軸を大切にしよう。

人と比べるのではなく、比べるべきは昔の自分。自分の心の声に耳を澄ませ、小さな一歩でも〝自分らしい〟成長を重ねていこう。

CREDO 02

正解はひとつじゃない、自分にとっての答えを探してみよう。

料理も生き方も、正解なんてありません。「自分好みの味付け」「無理なく取り入れやすい作り方」といったように、義務感や常識にとらわれることなく、おおらかな気持ちで自分だけの答え探しを楽しもう。

CREDO 03

目に見えないものを大切にしよう。

自分が身に付けた知識や経験は、誰に奪われることもないあなたの一生の宝物。学ぶということは、そんなかけがえのない財産を増やすこと。興味を持った瞬間が学びのチャンスです。見逃さず、飛び込んでみよう。

CREDO 04

自分の力で、ほんの少し世界を広げてみよう。

知ること、調べること、動くこと。自分の力で選択肢を増やし、自分で選ぶ力を身に付けよう。自由に選択し動くことができるということは、心と暮らしを豊かにする大きな一歩です。

CREDO 05

物事の本質に立ち返って考えてみよう。

価格などの目先の情報に飛びつかず、どこから来たのか、どうやってできたのか、いろんな角度から見てみよう。多角的視野を持ち、コスパや流行りに流されず、自分の考えで判断・行動をできるようにしていこう。

CREDO 06

〝旬〟を大切にしよう。

食卓から季節の移ろいを楽しんで、暮らしに四季を取り入れよう。太陽と大地からの恵みをたっぷり受け取った旬のものを取り入れ、心と体を健康に豊かにしていこう。

CREDO 07

思いやりと感謝の気持ちを大切にしよう。

恥ずかしがらず、素直に言葉で自分の気持ちを伝えよう。「いつもありがとう」「いただきます」「ごちそうさま」。伝えた方も伝えられた方も幸せな気持ちになることができる。言葉にすることであたたかい循環が生まれます。

CREDO 08

シェアマインドを大切にしよう。

いいもの、大切なもの、悩みだってみんなで分け合おう。分け合った分だけ気づきや幸せが広がります。

CREDO 09

私たちの地球を大切にしよう。

私たちは地球の恵みで生かされています。今日から自分が環境のためにできることを始めてみよう。小さくても長く続けられることを大切に。ひとりひとりの心掛けが大きな変化に繋がります。

CREDO 10

たくさん褒めて愛でよう。

〝私にもできた！〟そんな小さな成功体験の積み重ねが、自信に繋がり、成長へと導いてくれます。私たちみんな、本当に毎日頑張っています。一日の終わりに自分に対して、今日も頑張ったね。お疲れさま。と声を掛けてあげよう。

細かい指示やルールではなく、価値とビジョンを共有する。

こうして運営のビジョン、判断基準をシェアしたことで、以前よりも運営チームと生徒さんの足並みが揃った感覚があります。共通目標があるおかげで「このジャッジやアクションはアトリエのこういう価値観に沿っているんだね」とその背景を想像し、納得して受け取ってくれる。能動的思考がコミュニティ全体に浸透したのです。価値観の違いから生じるクレームも明らかに減りました。

さらに嬉しい変化として生徒さん同士の助け合いを目にする機会も格段に増えました。戸惑っている人がいたら、私の代わりにクレドを示しながら励ましの言葉を送ってくれたり、復習が追い付かず焦ったり悩む仲間を見つけたらクレドを引用しながら「自分のペースで楽しもう！」と声を掛け合ってくれたり。私対生徒さんという構図だけではなく、生徒さん同士、横の絆も深まり、心強いコミュニティに進化してきている実感があります。

私や運営チームにとっても、真摯にクレド作りに向き合うことでアトリエの存在意義を再確認する良い機会となりました。運営方針において何ひとつ曖昧なものはない。この確かな自信が、まっすぐに私たちの歩みを進めてくれています。

ちなみに、運営チームのスタッフ向けのクレドも作りました。これもチーム全員で価値とビジョンを共有するための大きな役割を担っています。

運営スタッフ向けクレド

CREDO 01 まず自分が最前列でこのコミュニティを楽しみ尽くす

CREDO 02 自分にだからできるこのコミュニティへの関わり方を考え、実践する

CREDO 03 今、ここに関わってるすべての人の暮らしが豊かになる道を常に選ぶ

CREDO 04 できないことに目を向けるのではなく、宝探しをするように常にできることを探して行動に移す

CREDO 05 小さな行動の積み重ねが、大きな変化を生むことを意識して即行動する

CREDO 06 アイデアは宝。ただの感想でも思い付きでもすぐにシェアをする

CREDO 07 ひとりひとりに誠意を持って向き合い、気持ちに寄り添う

CREDO 08 生徒さんにあらゆる形で感謝の気持ちと、生徒さんたちの成長を見守っているということを伝え続ける

CREDO 09 生徒さんたちに次の一歩の踏み出し方を伝えるよう心掛ける

CREDO 10 自分たちの行動で生まれた小さな幸せを余すことなく受け取り、ちゃんと自分たちのことも褒めてあげる

シェアドリーダーシップ

今現在、10名弱のメンバーで約1万人のオンライン料理教室を運営していますが、移動が制限されたコロナ禍に立ち上げたこともあり、私は前述のスタッフめいさん以外のメンバーにリアルで会ったことがありません。月に一度のオンラインミーティングとSlack（オンラインコミュニケーションツール）上でやりとりをしています。少人数、それも決して多くはないコミュニケーション量で安定した運営が実現しているのには理由があります。

アトリエでは運営体制を3つの柱に分けており、それぞれの役割が異なり、それぞれの役割において責任と権限を持っているのです。

私の役割はコンテンツ制作（レシピの精度を磨き上げる作業は妹と一緒に、カメラは夫が担当してくれています）。運用システムの構築や企画運営、広報、危機管理等の領域はスタッフめいさん。熊本を拠点とするオペレーションチームである「エージェントこころ」のみなさんが、入退会や毎日のインスタグラム巡回、問い合わせ返信などのフロント業務に対応してくれています。

通常、私のように個人で活動している場合はコンテンツ制作と運営の両方を見る必要があります。この体制は規模にもよりますが、多くの場合は自分の本来の業務（コンテンツ制作）に割くエネルギーを減らしてしまうだけではなく、慣れない運営との二足の草鞋で余裕がなくなってしまいがちです。

私たちはそれを避けるため、徹底的に分業化を進め、それぞれが得意な分野でリーダーシップを発揮する「シェアドリーダーシップ」を目指しました。メンバー全員が主体性を持ち、得意分野にエネルギーを集中させることで質を高め、責任を分担するフラットなチームを作る。責任の範囲が縮小し、プレイヤーである私がコンテンツ作りに集中できる環境により、より良いコンテンツが生まれる。それを運営チームの丁寧に考え抜かれたスキームにのせて相手に届ける。この循環が事業にゆとりを生み、それぞれが仕事を楽しむ気持ちの余裕にも繋がっています。

シェアドリーダーシップを実現する上で、チーム内で日頃から意識していることがあります。

ひとつは、意図的に近況を語り合う雑談の時間を大切にし、必ず全員が発言することで意見を言いやすい空気を作ること。オフィスで毎日顔を合わせて働くチームとは違い、オンラインチームは互いのちょっとした変化に気付きにくい。ミーティングも顔を合わせられる限られた貴重な時間だと思うと「こんな余計な話はしないほうがいいかな…」と、発言のハードルが上がってしまいます。量より質とはいいますが、コミュニケーションにおいては対話の量が増えることで意思疎通がスムーズになると思っているので、雑談、無駄話こそウエルカムなのです。

ふたつ目は、みんなの今を見える化することです。アトリエで〝今起こっていること〟を全員が把握できるようにやり取りはＳｌａｃｋで全体シェア。指示系統を作らず、個人それぞれが直接の考えや想いを伝え合うことで責任の自覚を促し、その繰り返しが判断の質や成長速度を高めてくれます。だからトラブルが起こった時にも、いち早くフォローできる体制が整っていて、立て直しが早い。問題が小さいうちにその都度丁寧に対応しているからこそ、大きなトラブルに発展することなく今に至ります。

三つ目は、互いの領域に対して常に敬意を持ちながらも、〝異なる意見〟があればちゃんと伝え合う。その上で相手の決定を尊重するというステップを重要視しています。

とはいえ、一朝一夕で全員がリーダーシップを取れるわけではないので日々のコミュニケーションを通じて全員で少しずつ成長していくという意思を各々が持つことが大切です。その成長を促すためにも、良かったこと、素敵だと思ったこと、助かったこと…チーム内でフィードバックをし続け、みんなで小さな成功体験を重ねていきます。そして最後は相手を、チームを信頼する。その姿勢こそがシェアドリーダーシップ実現の鍵となります。

チーム全員が最前列に立つ

アトリエでは、〝SHIORI（私）とその他の運営スタッフ〟ではなく、スタッフもひとりひとりが名前を出しながらのコミュニケーションを心掛けています。有難いことに、スタッフの名前を覚えてくださっている生徒さんもたくさんいます。

そのような運営方針の目的は4つあります。

①SHIORIだけではなく、スタッフのひとりひとりも責任を持ってアトリエの価値を一緒に作り上げていくんだという意思表示をすることで、自分ごと化が加速す

ること

②顔の見えにくいオンラインだからこそ互いに存在を伝え合うことで人対人としての温度感のあるコミュニケーションを目指すこと

③SHIORI一点集中の関係性ではなく、スタッフもその輪に加わることで繋がりの矢印を多方向に広げ、コミュニティとしてより強度な絆を作ること

④自分のアイデアや取り組みが「相手にどんな価値を提供できているか」をリアルに感じられる接点を作り、成果や感謝の気持ちをスタッフみんなに還元すること

この四つをリアルに感じられる接点を作り、成果や感謝の気持ちをスタッフみんなに還元することです。

新しいサービスや運用のアップデートがあった時は、どのスタッフのアイデアかも併せてお知らせするようにしています。生徒さんにもレッスンの裏側を支えてくれているスタッフの存在が伝わることで「○○さん、いつもありがとうございます」と名

指して、運営への思いやりや感謝に溢れたお声掛けをいただく機会が圧倒的に増えました。これはスタッフ各々のモチベーション向上はもちろん、やりがいにも直結します。

我々の業務がスタッフを成長させてくれていると評価を受け、オペレーション業務の委託先である「エージェントこころ」の代表・塚本さんからは「ＯＪＴの仕組みを作りたい」という有難いお声までいただきました。教室運営のメインはインスタグラムを使用していますが、ほどなくしてスタッフ各々がそれぞれにＴｗｉｔｔｅｒの運用を開始。スタッフの個性が、何気ない日々のつぶやきを通して伝わることで生徒さんとの距離がぐっと縮まりました。インスタグラムが教室ならＴｗｉｔｔｅｒは放課後、というような感覚であたたかい交流が続いています。

オンラインでのコミュニケーションは便利な一方で、早朝、深夜、休日を構わず24時間いつでも対応してもらえる。時には、そんな危うい感覚を持たれてしまうことがありました。それでもチーム全員が最前列に立つことで、オンラインの向こうの相手も〝ひとりの生身の人である〟という周知が徐々に広がり、健全な関係性ができました。

これらの経験から、今でははっきりと「無機質なオンラインからでも、人と人との温度感のある有機的な結びつきは生まれる」と胸を張って断言できます。嬉しいことに、生徒さんから「アトリエのスタッフの一員として働きたいです」という本気のお問い合せが多いことも、その想いを強くしてくれているのかもしれません。

PART
6
Mind

マインド編

仕事が思い通りに進まず、壁にぶつかった時、
どうやって困難な状況を切り抜ける？
仕事を楽しみ、仕事で成長していくには？
前向きに働くための心のマネジメント術を紹介します。

損得勘定をやめてみる

アトリエはいつ入会しても過去のレッスンがすべて視聴可能です。そのため、「いつ入会しても過去のレッスンが見られるなら後から入ったほうがお得ですよね？」というニュアンスのお問い合わせをたまにいただくことがあります。確かに〝金銭的損得〟だけを考えたらそうなります。それでも、目先の損得で考えないで〝物事の本質〟を見てもらえたら嬉しいなと思っています。

レッスンを受講したいと思った理由が「料理が上手になりたい。好きになりたい。食卓から、暮らしを豊かにしたい」という想いであれば、半年、一年の継続の差は決して小さいものではありません。地道にコツコツと経験を積み上げることが、気が付けば大きな自信とステップアップに繋がっていることを、たくさんの生徒さんが証明してくれているからです。

一方でお得に気になる料理だけを習いたい！　が明確な目的なら「なるべく後に入会する」も大歓迎です。

私たち運営側もビジネス最優先なら、過去のレシピは公開せず欲しい人に販売すれば売り上げは上がります。でも、私たちが目指すのは『食卓から、暮らしを豊かに』すること。だからこそ、やりたいと思う人にはいつでも扉を開き、みんなに楽しんでもらいながら暮らしに役立ててほしい。それを実現する運営に力を入れています。

損得だけで物事をジャッジするのは本来の大事な目的をも見失ってしまいかねません。さらに金銭的な「損か得か」という考え方は、そもそもが他者との比較をベースにしているため、幸福感や満足感が長続きしにくいと感じます。より安くを追求した先に、質が満足いかないものを買ってしまったり、実はいらないのに得した気分に浸って買ってしまったり。一瞬の得という感情のために、長期的な視点で見れば損をしてしまうことすらあるからです。

コスパや流行りに飛び付く前に、その商品は誰が？　どんな想いで？　どうやって作っている？　そもそもなぜ欲しいの？　など、多角的視野を持って、自分の胸に聞いてみる。その上で購入を決めたものなら、満足感や幸福感が長続きし、あなたの心や暮らしを豊かにしてくれると思います。

真似て、学んで、超えていく

これは私が料理家を目指して修行していた20代前半、師匠の祐成《すけなり》陽子先生から受け継ぎ、心に刻んでいる言葉です。

人は何かを生み出すとき、多くの場合、先人の真似から入ります。真似をする中で、学びがあり、それを深めて自分のものとし、超えていく。「守破離《しゅはり》」と似た考えです。

私もこれまで、日本をはじめ世界各国でたくさんの料理教室や料理学校で学ばせてもらい「真似て、学んで、超えていく」を自分なりの解釈で続けてきた結果として今があります。だからこそ、学びの場・インプットの場として、私の著書や料理教室を選んでいただけることをとても光栄に思っています。

誰かに料理を習うようになって心がけているのが、関わる人たちへのリスペクトを忘れないということです。それは、自分が学ばせてもらっている相手へ。そして自分から学んでくれる相手へ。この両者に向けたものです。

レシピを作ることは一見簡単そうに見えて、そうではありません。私自身も今作り上げるレシピは、過去に何度も行った料理修業や、長年続けている料理教室でたくさんの生徒さんと触れ合う中で学び得た感覚、色々なものを食べ歩いて、作って、経験したものすべてを総動員しています。プロのレシピや教える技術は、このように何年にもわたる鍛錬の積み重ねの上にでき上がるもの。これは料理人に限らずどんな職種にもいえることです。そういう目に見えないものの価値を大切にしたい。だからこそ、レシピを生み出した人へ最大限の感謝とリスペクトの気持ちを忘れずにいたいと思っています。

そして、それは私から学んでくれる相手に対しても同じです。私を信頼し、私から学びたいと行動を起こしてくれた生徒さんへ、何かのコピー&ペーストではなく、まずは自分がしっかり習得し、その上で納得するまで研究し尽くしたレシピを届けるのが私の責任です。

昨今は「学ぶ」と「超えていく」の過程をすっ飛ばし、表面だけを真似る「パクる」という行為が日常に溢れています。それでも、自分自身の深い考えや想いなしに、表面だけの真似ではオリジナルは超えられないのです。

目に見えない過程にある価値に気付き、リスペクトを持って挑む先に「真似て、学んで、超えていく」の世界は実現します。

「手段」だけを変え続ける

今の仕事をする上で、いつも私の根幹にある〝目的〟は「料理の楽しさを伝え広める」こと。これは料理家として活動を始めた頃からずっと変わりません。ただ、その目的に向かうための〝手段〟はその時々の世相やライフステージに合わせて、周囲にも驚かれるくらいに柔軟に変えてきたつもりです。

キャリアの初期は自分のレシピ本の出版に集中。次のステージでは代官山にスタジオを作り少人数制の料理教室に奮闘。その次は、100％ヴィーガンの店を立ち上げ初の飲食店経営に挑戦。現在はオンライン料理教室に全力を注ぐ。概ね3～5年の周期で〝手段〟をガラリと変えているものの「料理の楽しさを伝え広める」という目的は1ミリたりともブレたことはないです。

「何度も新しい挑戦をするのは怖くないのですか？」と取材などで聞かれることがあ

りますが、私は時代とともに世間のニーズや自分のライフスタイルまでもが変わり始めているのに、いつまでも同じやり方にこだわって、とどまり続けることのほうに不安を感じます。スタイルを変えることへの後ろめたさや躊躇がほとんどないのは、むしろそれが自然なことだと思っているからかもしれません。

それに新しい挑戦をするからといって、築いてきたものをすべて手放してゼロからスタートするわけではありません。「ブレない目的」に軸足を残しつつ、経験を通して価値観や選択肢を広げ、どんどん世界を切り開いていくイメージです。

また私の経験上、目の前のミッションに全力で向き合っていれば、次のフェーズへ向かうタイミングが自然と見えてきます。レシピ本の出版も、対面での料理教室も、「ここでやるべきことはやり切った！」そう胸を張れるほどの情熱を注いできたからこそ、潔く次に進むことができました。そんな私の姿から「ＳＨＩＯＲＩさんは決断が早い！」「いつも一歩先を行っている！」と言ってくださる人もいますが、後悔が残らないほど日々の仕事を一生懸命やれば、その足取りは軽やかになるものかもしれません。

富士山の頂上はひとつでも、登るルートはいくつもあるように、手段はみんな違っていいし、状況に応じて途中で変わっていいのです。悪天候で状況が一変した時、ルートを変えないことにこだわりすぎると命さえ危うくなりますよね。ただし、深く考えずに手段ばかりをコロコロと変えてしまうのは、結果として実力も信頼も備わらないので注意しましょう。常に目的を見失わずに。

80%の自信、20%の迷い

料理は独学。想いと情熱を糧に突き進んできた私は「料理の基礎を習ったことがない」というコンプレックスが長年の悩みでした。そんな話を女性経営者の先輩にポロっと打ち明けた時、その意外な返しに私は救われることになります。

「SHIORIちゃんはそのコンプレックスを抱えているからこそ、いつまでたっても謙虚なんだと思う」

私にとって自信のない自分を認めることは、まだまだやるべきことがある、ここがゴールじゃない、と油断や慢心をせず謙虚な気持ちを持ち続けるプラスの効果があったようです。長年の悩みから解放してくれたこの気付きは、その後の思考にも大きな影響を与えました。

この頃から、仕事をする上で自分の平常時のマインドを「80%の自信と20%の迷い」でバランスを保つように設定しています。

自信満々さが表に出すぎているがゆえ「あの人には何を言ってもどうせ聞いてもらえない」そんな空気を出し続けている人、あなたの周りにもいませんか？　常に100%の自信を持ち続けることは、他者の意見を寄せ付けにくく、時に天狗に、気が付けばひとりよがりな裸の王様になってしまうリスクがあります。かといって、自信と不安が50％ずつでは、仕事相手からしたら心もとなく感じてしまいますよね。

ブレない自分の信念は大切ですが、同時に不安や迷いをほんの少し意識して持ち続ける。そうすれば周囲の意見にも素直に耳を傾けることができます。「これがいいと思っていたけど、そっちもいいかもね！　もう少し揉んでみよう！」。その柔軟さが、より良いものを目指して追い続ける姿勢に繋がるのです。

ただし、勝負のタイミングでの迷いは一切不要。１００％の自信で挑むべきです。不安は相手にも伝わります。何より迷いのある人の言葉に人の心は動きません。逆を言えば、迷いや不安がある時点で、まだまだ勝負の時ではないのです。

私自身も「『作ってあげたい彼ごはん』の出版」「代官山のスタジオ」「１００％ヴィーガンのファラフェルスタンド」「オンライン料理教室」と人生をかけた大勝負の

時は、1％の迷いもない100％の自信で乗り切ってきました。

迷いや不安は時に、身を助けることもある。コンプレックスが教えてくれた大切なことです。

自信は生んで育てる

私は長い間、自分に自信が持てませんでした。

「ＳＨＩＯＲＩは料理の基礎が分かってない」「いつまで経っても初心者みたいなレシピ」。今から10年以上前、度々目にするレシピ本への批判にひどく傷付きながらも、そんな気持ちとは裏腹に〝彼ごはん〟シリーズは２００万部、３００万部と版を重ねていきました。

料理は独学。情熱だけで突っ走ってきた自覚もあるがゆえに、どれだけ本が売れても調子に乗るどころか実力不足を痛感する日々でした。デビューが早かった分、20代半ばを過ぎると同世代のフレッシュな活躍が眩しく「私のキャリアのピークは終わってしまった…」と、ひとり階段の踊り場に取り残されてしまったような強い孤独と焦燥感を覚えていました。

27歳で結婚を決めた時には「〝彼ごはん〟のイメージから脱却しなければ私に生き残る道はない」という思い込みから焦りがピークに達し、メンタルは崩壊寸前。結婚という人生の節目を前に、一時は引退も視野に入れるほどに自信をなくしていました。悩んだ末に「つらい現状を打破するには自信をつけるしかない」と学ぶことを選びました。日本の家庭料理を支える和食以外のジャンルを学ぶべく、フランス、イタリア、タイ、ベトナム、台湾、香港、ポルトガル、スペインへの短期留学を決行しました。

単身飛び込んだ海外では、料理が生まれた文化的背景や調理の技術、知識を習得しようととにかく必死でした。中学生レベルの拙い英語で言葉の壁はあるものの、それでも姿勢は常に前のめり。長い間インプットがないままアウトプットを繰り返し、からっからに枯渇していた私にとっては目に映るものすべてが新鮮で刺激的。うまくいかないこともたくさんありましたが、学ぶ楽しさに目覚め、息を吹き返していったのです。こうして料理の基礎を追い求め、世界各国を自分の足で歩き、自分の目で確かめた私は「料理はもっと自由でいい」という真逆の気付きを得ます。そして、この経験こそが、ブレない信念を持つきっかけになりました。

振り返って考えると、私はここに至るまで2つのステップを踏んできました。

ひとつは「深く納得した自分の考え（料理はもっと自由でいい）」を持てたこと。これは世間的に正しいかどうかではなく、自分の中できちんと腹落ちしきっている事が重要です。漠然と〝自分を信じる〟という行為は祈るようなものですが、納得という過程を経ることで「自分の考え」を信じることができます。

では、どうやったら自分を深く納得させることができるでしょうか？

やっぱり一番は行動です。自分の目で見る。自分で経験する。これに尽きると思います。しかし、この行動の前には「そもそもどんな行動を起こすか」を選択する過程があります。私の場合は「現地（海外）で学ぶ」という選択がこれにあたります。

人は〝これしかない〟から選ばざるを得ないのと、自分の意思で選ぶのとでは、納得度が大きく異なります。後者を実現するためには、日頃からアンテナを高く張り、可能性という引き出しを増やしておくこと。その中から〝自分で考え自分で決めて行動した〟という自覚が「より深い納得感」に繋がります。その結果、根拠を持って自分の考えを信じることができる。それが自信の始まりです。

ふたつ目は、自らの手で摑んだ自信を、料理教室という場で周囲を巻き込んだ成功体験に繋げたこと。自分の思考や言動が「たくさんの人の笑顔に繋がっている」「誰かの役に立っている」という喜びややりがいに満ちた実感が、私の自信をより確かなものとしてくれました。

周囲を巻き込むというのは難しく考える必要はありません。料理でいえば、家族や友人にふるまってみる。自分の考えをSNSなどで発信するでもいいのです。

自信はある日突然持てるものではありません。他者からの評価でつく自信もありますが、それはまた別の他者からの評価で崩れかねない、脆さがあります。自らの行動（インプット）で生み、人との関わりの中（アウトプット）で育てていく。自分軸のこの二段階で備わる自信こそ、ブレない芯の強さがあります。

もし、自信が持てない事に悩む人がいたら、今必要なのはどちらのステップか？自分の胸に聞いてみてください。これから自信をつけていきたい人は、「これでいい」じゃなくて「これがいい」。自分に納得のいく選択を積み重ねる。まずはここから始めてみるといいと思います。

オープンマインド

今では有難いことにコミュニケーション力を褒めていただく機会が増えましたが、昔から得意だったわけではありません。約10年前、自分の中でコミュニケーション力が大きく開花する出来事がありました。

「出会った頃のSHIORIちゃんは何重もの鎧をまとっていた」

そう語る人物こそ、私の鎧を引き剥がすためにひと肌もふた肌もぬいでくれた〝ゆりねぇ〟こと齋藤由里子さんです。彼女は、会社員の仕事と独立したキャリア・コンサルタント業を掛け持ちするパラレルワーカーでした。

出会いは2011年。「自信は生んで育てる（前章）」で先述した通り、私がひどく自信をなくしていた頃です。ゆりねぇが働く味の素（株）が立ち上げた「だしＣａｆｅ」という期間限定のプロジェクト型体験施設で、料理講師を依頼されたことがきっかけでした。

私の第一印象を「メディア越しに見るかわいらしさとは裏腹に、表情が乏しく笑顔もほとんど見せない。こちらに心を開いていないようで会話はごく表面的。深く嚙み合うこともなかった」とゆりねぇは語ります。それでも、そんないけすかない態度の私に興味を持ち深く関わることを選んだのは、私の自叙伝『ミラクル』を読み「本当は肝が据わった実行力のある人だと思ったから」だったと教えてくれました。

若くしてベストセラーを生み出し、仕事は順調。結婚も決まり、周りからは順風満帆と言われる。でも本当の私は違いました。知識や経験不足を痛感し学び直したいと感じているものの当時は芸能事務所に所属し、びっしりと詰まったスケジュールをこなす日々。将来のキャリアへの不安や焦りに加えて、周囲とのコミュニケーションもうまくとれず「どうせ私の気持ちなんて誰も分かってくれない…」解決の糸口が全く見出せない状況に絶望し、自分さえも気が付かないうちに心を閉ざしていたのです。

そんな時、

「ＳＨＩＯＲＩちゃんはこの先どんなキャリアビジョンを描いているの？」

「『だしＣａｆｅ』での経験を、どうしたら今後のキャリアに活かせるか、話し合いをしない？」

と持ち掛けてくれたのです。そこで初めて自分の気持ちを言葉にすることで、鎧の正体がひもとかれていきました。


私は少しずつゆりねぇに心を開き、そこから何をしたいのか、何を楽しいと思うのかなどを更に深く一緒に掘り下げながら「ジョハリの窓」を教えてもらいました。

「ＳＨＩＯＲＩちゃんがたくさんの鎧を着ている限り、一緒に良い仕事をするのは難しい。自分の気持ちをオープンにして、相手にもオープンにしてもらって、お互いをよく知ることで、良い化学反応は生まれるし、良い成果を生み出すことができる」

この一言が胸に深く刺さりました。

関わる相手と心を通わせ、もう一度仕事の楽しみ、やりがいを味わい、より良い仕事がしたい。そう心から望み、オープンマインドを意識するようになったのです。

同時に、相手にとってこの人なら「自分の話を受け止めてもらえるかもしれない」そう安心できる人、心を許せる人になりたいと思いました。それは、そもそも私が心を開けたのはゆりねぇという大きな受け皿があったからです。

人見知りの私は、初対面の人にいきなりぐいぐい話し掛けることは今も苦手です。それでも、決めつけや固定観念、時に諦めから勝手に自分で結論を出すこと、壁を作ることを改めました。「そんな考えもあるよね」と〝自分と相手は違って当たり前〟

を受け入れる。そして、弱みや失敗などカッコ悪い自分でさえも、正直にさらけ出す。心のバリアを取り払い、相手を受け入れる土壌を作れるようオープンマインドを心掛け掛けました。

その結果、相手との距離が縮まり理解が深まることで関係性が良くなる好循環を強く実感することに。そうして学び得た楽しさ・喜び・充実感は、それまでの出版メインの料理家人生から、ダイレクトコミュニケーションに重きをおいた料理教室業へと、主軸を移すほどの大きな影響をもたらしたのです。

コミュニケーションを取っているのに相手との距離が縮まらない。もっと相手を理解したい。もっと自分を知ってほしい。そんな時は、すぐにでも始められるオープンマインドをぜひ実践してみてください。

ジョハリの窓

サンフランシスコ州立大学の二人の心理学者、ジョセフ・ルフト（Joseph Luft）とハリ・インガム(Harry Ingham）によって提唱された心理学理論。二人の名前の一部を取って、〈ジョハリの窓〉と名付けられた。対人関係における自己開示、コミュニケーション、気付き、自己理解などの説明によく使う。

	自分が知っている自分	自分が知らない自分
相手が知っている自分	解放の窓（Open）	盲点の窓（Blind）
相手が知らない自分	秘密の窓（Hidden）	未知の窓（Unknown）

このモデルは、「自分のことは、自分がすべて解っているわけではない」という前提の下、「自分には4つの領域が存在する」と考える。

秘密の領域をできる限り少なくして相手に自己開示をすれば（アウトプット）、相手とより良いコミュニケーションを取ることができる。すると、フィードバックという形で盲点の部分を教えてもらう（インプット）こともでき、客観的な自己理解が深まる。

その繰り返しによって解放の領域を拡げることで、相手との関係性が深まるのはもちろん、自分自身の未知の領域も狭まり、より深く、自分を理解することに繋がる。

キャリア・コンサルタント　齋藤由里子

人と比べない

3歳になった息子は先天性の難聴で、生まれつき耳が聞こえません。難聴にも程度があり、息子は補聴器で音を補うことができない〝重度〟であるとの診断がくだされた時には深いショックと悲しみに暮れました。

何度も検査をしに病院に通い、療育先の学校の見学に行ったり、現実を突きつけられる度に逃げ出したくなることもありました。耳の聞こえない息子とのコミュニケーションの方法はいくつか選択肢がありますが、私たち家族は現代の医療の力を借り、音声言語の習得を目指すことに。1歳の時に両耳人工内耳の手術をするも、手術をしたからと言ってすぐに音を理解するわけではありません。ゆっくり丁寧に、繰り返し訓練を重ねることで少しずつ音や言葉を習得していきます。覚悟はしていたものの、その歩みは想像以上に時間を要するものでした。

最初は目に見える反応は全くなくて、数週間が過ぎた頃、大きな太鼓の音にやっと気がつくように。名前を呼んだら振り返り、私の声がちゃんと届いているんだ！　そう実感できたのは手術から3ヶ月ほど経ってのことでした。いつしか歌に合わせて踊れるようになり、順調だなと喜んでいた矢先、人工内耳を装着することを拒絶。心身ともに疲れ果て、夫婦関係が壊れかけた時期もあります。

「耳が聞こえていたら…」

周りと比べて、不安や焦りに心が押し潰されそうになることが何度もありました。成長するにつれ、歳の近い子を見ると「みんなはもうこんなに喋れるんだ…」と内心はショックを受けたものです。

そんな私の気持ちを知ってか知らずか分かりませんが、ある日療育に通っている学校の先生から「他のお子さんと比較をするのではなく、少し前の息子さんと比べてその変化を見てあげてください」と言われました。

その言葉を胸に、必死で少し前の息子自身と比べることを心掛けると、「あんなことも、こんなこともできるようになってる！」。それまでの焦りや不安が喜びや希望、感謝に変わりました。他の誰かではなく、目の前の〝我が子のペースの成長〟こそが愛おしく尊いものだと気づかされたのです。暗くどんよりしていた世界に光が差し、向き合い方ひとつで、気持ちがだいぶ楽になりました。そして、これは育児だけではなく、自分自身にも言えることだと気が付きました。

アトリエではレッスン直後に生徒さんの復習投稿をシェアしています。すると、一部の方から、復習できていない自分は焦ってしまう、という意見が寄せられていました。そこで、「周りと比べるのではなく、自分の成長にフォーカスしてみてください。あんなことも、こんなこともできるようになったと、自分を褒めてあげてください。レシピは逃げないので、焦らず自分のペースでレッスンを楽しんでほしい」。折に触れて、そんなメッセージを発信し続けました。

その結果、今では「私は私のペースで！」というスタンスがコミュニティにしっかりと根付き、時には「レシピは逃げないからゆっくりいこうよ」といった生徒さん同士の励まし合いも目にするほどです。

ＳＮＳは学びや情報収集、気晴らしというプラスの作用を持つ反面、どうしても他の人と比べて落ち込み、苦しくなる側面も併せ持っています。

でも人はみんなそれぞれ状況が違います。

世間や誰かの基準ではなく、自分の軸を大切にする。周りと比べるのではなく、比べるなら昔の自分。

私たちは日頃、自分を認める、褒めることが足りていないのだと思います。人と比べてないものばかりに目がいってしまうから、必要以上の不安や焦りを抱えてしまう。まずはできないことよりできることに、目を向ける。自分の成長にフォーカスしながら、小さな一歩でも〝自分らしい〟成長を重ねていくことにこそ意味があります。そして、周りに左右されない自分軸での幸せを見つけることこそが、あなたを満たし、心豊かな人生に繋がるはずです。

「楽しい」こそが世界を広げる

私がオンラインレッスンをやる上で決めたマイルールがひとつだけあります。それは「あれはダメ」「これはダメ」という禁止や否定ワードと「〇〇すべき」と強制ワードを使わないこと。

生徒さんからは時々「〇〇の代わりに〇〇はダメですか？」というご質問をいただきますが、基本的に私は何も禁じません（食中毒とか命の危険がありそうな場合は止めますが)。私が決める〝ダメ〟はないと思っています。それよりも、あれもいいけれど、これもいいよね！　と他者を認め合いながら、その中で〝自分で判断する力〟を養う場所でありたいと願っているからです。

レッスンでは研究し尽くした私なりのベストなレシピをご紹介していますが、これはあくまで「おすすめ」。ひとりひとりの環境が違い、様々な考え方がある中で何か一方を否定したり、押し付けるのではなく「やってみたい」という前向きな気持ちを育むお手伝いに徹する。これが私のスタンスです。

私がこのスタンスを貫くようになったのは、今から8年ほど前、菜園料理家の藤田承紀さんとの出会いがきっかけです。

当時の私は「オーガニック」に興味を持ち、詳しい方に話を聞きに行ったり勉強会にも参加していました。中には「あれは体に悪いからダメ」「これもダメ」「〇〇すべき！」と強い言葉が飛び交う場面もあり、自分が使っていたものを頭ごなしに否定されてしまうと、それを選んだ自分さえも否定されている…そんな感覚に陥り居心地の悪さを感じたことを覚えています。学ぶ意欲に満ちていた私の興味は、徐々に萎んでいきました。

そんな時に出会った藤田さんは自分で自然栽培の野菜を作り、周りの生産者の声にも耳を傾け、厳選した食材を扱う料理人でした。自分がいいと思ったものをとにかく楽しそうに、嬉しそうに、大事に料理する。そこには一切の否定や押し付けもありません。こちらが興味を示した時に初めて「じゃあ、一緒にやろうよ！」と溢れんばかりの知識や経験を惜しみなくシェアしてくれたのです。そのとびきり楽しそうな姿に魅了されて、気が付けばすっかり巻き込まれていました。「こんな風にやる気に火をつけてもらえたら最高だな。私もこんな人になりたい！」と、心の底から思ったことを今でもよく覚えています。そこからもう一度オーガニックや食材に対する興味を持ち直し、私の世界は一気に広がりました。

この出来事により、「どんな」スタンスを持つ「誰」から学ぶかによって、理解の深さや興味の広がり、人生における影響力がまるで違うということを身を持って実感したのです。同時に他者を否定して自分を優位に見せたり、不安を煽って追い込むやり方には強い違和感を持つようになりました。

やらされることと、やりたいことでは学ぶ姿勢とインプットの質に大きな差が出ます。自発的な衝動によって火が付いたほうが興味がある分、身になるし、楽しめます。その結果、長続きもする。さらには「楽しそう！」「やってみたい！」という気持ちから湧き出る前向きなエネルギーは、自分の中で好循環を生むだけでなく、周りをも巻き込む力があるのです。

いつしか私のコミュニティでは、

「とにかくＳＨＩＯＲＩさんが楽しそうに料理しているからやってみたい」

「SHIORIさんがおいしそうに食べるからつられて作りたくなっちゃう」

そんなふうに言ってくださる生徒さんがたくさんいます。

私のレッスンを受け、生き生きと料理を楽しむ生徒さんの姿がその周りの人を巻き込む。あの日に願ったことが、今、まさに目の前に広がっています。

出会いがご褒美

昔から物欲がさほどない私は『作ってあげたい彼ごはん』がベストセラーになっても金銭感覚は大きく変わりませんでした。自分へのご褒美に高価なモノを買った記憶はなく、家族と旅行に行ったり、海外での料理修業で見聞を広めたり、一流と言われるサービスを体験して学んだり、スタジオを作ったり、時には寄附をしたり。お金は大切な人や困っている人、未来の自分を育てるための経験に使ってきました。

「自分ひとりで貯め込むのではなく、周囲に、未来に、お金は巡らせることでより多くの幸せに繋がる。そうした生きたお金の使い方をしなさい」と常に先を見据えて言っていた父の言葉の意味が今ならよく分かります。だから今、手元にモノはほとんどありませんが、私はたくさんの幸せに囲まれています。

そんな私のご褒美は〝人との出会い〟です。

駆け出しの若い頃は、人脈を作らなくちゃ！　と人見知りながらも出会いを求めて行動する時期もありました。でも人脈を作ろうとする時って、知らず知らずのうちに自分をよく見せようとするスイッチが入ってしまいます。その結果、背伸びしたり、見栄を張ったり、話を合わせて気疲ればかり。本来の自分の感覚に近い人には一向に出会えませんでした。

出会い探しをやめて数年。

自分らしく志を持って頑張っていると、そこで自然に繋がるご縁こそ、素敵な出会いが多いことに気が付きました。その出会いはいつやってくるか分からなければ、お金で買えるものでもありません。だからこそとっておきのご褒美にふさわしいのです。

この人といると居心地がいいなぁ。そんな風にありのままの自分でいられる相手と出会い、好き・楽しい・嬉しい・時には後ろ向きな感情さえも共有したり、刺激し合ったりすることで、価値観を広げながら成長してきました。そう考えれば、出会う人が違ったらまた違う人生を歩んでいたと思います。

大好きな友人、イラストレーターのタロアウトさんが不定期で開催してくれる『タロ・ア・タープル』という名のコミュニティでは毎回、職業も、年齢も、性別も、住むところも違う友人達が一堂に会し、みんなで料理を作り食事をともにします。価値観や考え方が違っても、違いを認め合いながら意見を言い合える。そんな関係性や空気感がとても心地よく感じます。それぞれの視点からより良い未来について語り合う時間は、学びであり、刺激であり、癒しに満ちた、言葉には表し難い幸福感をもたらしてくれます。

心を許し合い、リスペクトできる相手とはたとえ頻繁には会えなくとも、相手の活躍や存在そのものが励みになる。目に見えない心の繋がりがエネルギーになります。

また明日も頑張ろう。そう思わせてくれる出会いこそ、私の人生のご褒美です。

PART 7

How to work in the future

これからの働き方編

自分にも相手にも我慢や犠牲を求めず、
本当の意味でみんなが「Win-Win」の関係を目指したい。
そんな理想を理想だけで終わらせない、
持続可能な働き方を実現するために
SHIORI が本気で考えている、これからの仕事論。

自分の名前で仕事をする

私は22歳で料理研究家のアシスタントを卒業し独立したので企業に就職をしたことがありません。よってこの時から自分の名前を背負って仕事をしてきましたが、ここでお伝えしたいのはフリーランスや起業を勧めるということではなく、自覚と責任を持つ仕事への向き合い方、心の持ちようについてです。

自分の名前で仕事をするということは、やりがいが格段に大きくなると同時に、責任と重圧もとても大きいものです。

〝長年積み重ねて来た信頼も一瞬で崩れてしまう〟そんな緊張感を胸に、奢ることなく、どんな時も手を抜かないように自分を律してきました。その上で心掛けていることが3つあります。

①正直であること

嘘をつかない。ずるい事をしない。人を出し抜いたり、手柄を横取りしたり、自分の心がざわつくことはしない。

②素直であること

素直でいれば反省すべき事象はもちろん、周囲のアドバイスやフィードバックをより深く受けとめられる。その結果、自らの成長を促すことができます。

③一生懸命やること

とにかく行動あるのみ。やると決めたことを一生懸命やる（やり方は変えても良い）。

人の未来を切り開いていくのは、小手先のノウハウではなく、根っこを支える人間力だと思っています。人は、うまくいっている時にはその人の表面しか見ようとしないものですが、失敗したり評価が落ちている時にこそ、その人の本質的な部分を見ようとします。そして、積み重ねた信頼があれば、苦しい時に手を差し伸べてくれる人が必ず出てきます。仕事に実直に打ち込む姿勢は〝転んでも起き上がれる人間力を育てている〟とも言えるのです。

また、自分の名前で仕事をするということはスキルと同等、もしくはそれ以上に〝覚悟〟を必要とします。会社の仕事は誰かに引き継げても自分の名前は引き継げません。自分であることをやめることはできないからです。

そんな話をすると不安や恐れを感じて尻込みをしてしまう人もいるかもしれませんが、私自身、仕事における失敗は数え切れません。それまで主張していた考えが途中で変わることだってあります。人間だから当然です。

例えば、20代前半の私は料理を身近に楽しんでもらう事を最優先に一年中手に入る野菜を使い、あえて旬の野菜を外したレシピを発信していました。時を経て30代後半の今、旬を楽しむことの大切さを伝えています。時代の流れや成長とともに、価値観がアップデートされるのは自然なことですが、その変化が唐突すぎると「あれ、前と言ってることが違う」とそれまでの考えを支持してくれていた相手を突き放してしまうことになります。大切なのは、考えが変わった時、ミスをしてしまった時、それらをうやむやにせず「真摯に向き合い、伝えることから逃げない」という姿勢です。その姿勢を貫く覚悟があればどんな大きな失敗をしようと、考え方や生き方が変わろうとも、必ずついてきてくれる人がいます。

そして、大変なことばかりではありません。
これらの緊張感や責任と引き換えに得られるものもあります。

失敗も成功も全部自分の判断のもとにやってきたという経験の積み重ねがもたらす成長が自信となり、未来のチャレンジを全力で後押ししてくれる。その挑戦は何事にも変え難い〝やりがい〟に直結し、自らの仕事、ときには人生にまでに誇りを持つことができます。

副業が身近になり、終身雇用という考え方が当たり前でなくなった今、「自分の名前で社会に関わる」という覚悟こそが、ここぞという時に自分の未来を切り拓く力になります。

私が考えるサステナブル

料理をすること、食べることは自然環境にとても密接しています。フードロスを出さない、地産地消、プラスチックごみを減らす、買い物にマイバッグを持っていく、油汚れをなるべく流さない…。ひとりひとりの心掛けでキッチンからできることはたくさんあります。

それでも「サステナブル＝持続可能」を考えた時、大切にしているのは自然環境に対する意識だけではありません。サステナブルな社会を目指すためには、ひとりひとりが、働き方やお金、生き方についても考え方をアップデートしていく必要性を感じています。

運営チームを率いるスタッフめいさんは、アトリエを立ち上げた当初から次のような運営方針を断言していました。

「ＳＨＩＯＲＩとその家族が幸せであること。ＳＨＩＯＲＩが生徒さんとのレッスンに向き合えるように、それ以外の運営業務をすべてサポートする」

その理由はこうです。

「一般企業のサービスのようにお客様を幸せにする、を先にすると個人であるＳＨＩＯＲＩに負担がかかり、潰れてしまう。それはサステナブルな運営とはいえない。Ｓ

HIORIが幸せで、そこから生まれるエネルギーが社会に届けば、幸せになる人、助けられる人が必ずいると信じている。だからこそ、この流れを運営における基本としたい」

この方針のもと、私がひとりで抱え込んだり、頑張りすぎて疲弊しないよう、チームのみんなが道の整備やブレーキの役割を担ってくれています。

この体制のおかげで息子の3回の入院と2回の手術、私の足の骨折など、本来ならピンチと思える場面でも、仕事が家庭を圧迫することなく、無理なく落ち着いて乗り越えることができました。同時に、チームメンバーひとりひとりの状況を互いに思いやり、誰かが動けない時にみんなでフォローし合える関係作りも徹底。チームとして持続可能な運営を目指しています。

また、歯止めの利かない昨今の安さ競争には、強い危機感を覚えています。求められるがままに商品や技術の安売り競争を続ければ、自分の仕事の価値が認められない社会に希望を失い、社会全体が疲弊してしまいます。社会に希望を取り戻す流れにシフトしていくためには、消費者は支払う価格の意味をもう一度よく考え、安さだけに重きをおかない選択をすること。一方の生産者は商品そのものの価値を磨き、適正な価格でのファンを増やすこと。両方向からの意識改革が不可欠です。

アトリエは、1歳で人工内耳の手術をした息子の療育が本格化する前に、2年目を迎えるタイミングで運営内容を切り替えました。レッスンを月2回から月1回に、無理なく細く長く続けていけるコミュニティを目指し、その際の価格改定で大切にしたことがふたつあります。

ひとつは、生徒さんが無理なく続けられる価格であるということ。「食卓から、暮らしを豊かにする」というミッションの実現には、心地よく自己投資に回せる現実的な価格設定であることが重要だと考えました。

ふたつ目は〝レシピや教える技術という目に見えない価値〟と〝同業の仲間〟を守るということ。当時コミュニティのメンバーは8000人を超え、オンライン料理教室の先駆けという認識を持たれることが増えました。これから立ち上げる人のひとつの目安となることもあるかもしれない、という自覚のもと、業界全体のレッスン単価を下げすぎてしまわないよう最大限配慮をしたいという思いがありました。

このふたつの面から持続可能な価格を考え抜き、最後は納得のいく結論に着地しました。それは、1日当たり約100円。カフェで飲む1杯のコーヒー代よりも安い投資であれば、やりたい時にすぐに始めることも、長く続けることもできる。そんなリアリティーがありながら、価格破壊を起こさないギリギリのラインを私たちなりに見極め、月額2970円(税込)に決定しました。

実をいえば、レッスンが2回3900円(税込)から1回(月1回のおまけコンテンツ「SHIORIんちの食卓」は継続)になることで価格も半額ではないの？ そう考える人もいるだろうと思っていたのです。だからこそ価格設定の背景に込めた想いを文章ではなく、ライブ配信で生徒さんにお伝えしました。

すると「安すぎる！」「これなら続けられる！」「嬉しいです！」「ここまで考えてくれてありがとうございます！」という有難くも好意的なお声を数多くいただくことに。その結果、1年目から2年目の継続率が98％超えという、にわかに信じられない奇跡を見たのでした。

サステナブルを考えた時、どこか遠い世界の壮大な取り組みに感じたり、自分ひとりで何ができるの？　そんな無力さを感じる人もいるかもしれません。それでも、「サステナブルである」ということを突き詰めると、それは「関わるものが有機的に繋がり幸せになる仕組みや流れの中にある」ということに気が付きます。

環境も、人も、過度な負担なくありのままの姿で幸せを感じられるような流れ。

それを実現するための頑張りが今、私たちに求められているのです。

まずは自分たちの選択や行動の先に未来が変わるという自覚をひとりひとりが持つことこそが、最初の一歩になると思います。そして、小さくてもいいから、自分の頭で考え、より良い未来のために自分ができる「ちょっといいこと」を続けていきましょう。

価値ある投資をしよう

「料理教室は、もっとも身近で手軽に始められる投資です」

生徒さんの暮らしの変化を確信した私は自信を持ってこう案内しています。

自分で作っておいしく食べられるだけで花丸。家族や友人、大切な人が喜んでくれたらまた花丸。そうやって成功体験を積み重ねて自信がつき、自己肯定感が上がっていく。料理がどんどん楽しくなり、好きになっていく。暮らしに密接している料理は変化を受け取りやすく、一緒に食卓を囲む相手をも巻き込んで、末永く幸せが循環する。これほどまでにノーリスク、ハイリターンの投資を私は知りません。

何があるかわからない時代。モノやお金はいつかなくなったり、奪われたりすることもあります。でも、身に付けた知識、技術、経験、思考は、誰にも奪うことはできません。

形として目に見えるものではなく、それらを身に付け、暮らしに活かすことが何よりの財産になるのです。だから私は学ぶことが好きです。もともと物欲が少なくあまり散財しないタイプなのですが、自分の見聞を広めるためには投資を惜しみません。20代後半で世界各国に行って料理修業をしたり、今でも仕事に役立つ新たな知識を学ぶための講座に申し込んだり、気になるお店や商品は試すようにしています。

また、私自身もたくさんの方に応援してもらって今があるので、誰かのチャレンジを応援するために使うお金も惜しみません。

消費から、投資へ。大切なお金だからこそ、長く続き、広く循環し、未来を豊かにしてくれる、そんな投資をおすすめします。

選択肢がくれるもの

「食卓から、暮らしを豊かに」というミッションを掲げる以上、「豊かさとは？」を何度も想像し、チームで徹底して話し合ってきました。

自然に囲まれる、季節を感じる、好きなことをやっている、たくさんお金を稼ぐ、人間関係に恵まれる、想像力に満ち溢れる、人に分け与えることができる、なんでも自分の手で作れる・直せる、心身の健康…。

人それぞれの価値観、立場や環境、タイミングによっても答えが異なるため、もちろん正解はありません。それでも考えれば考えるほど、思い浮かぶのは金銭的・物質的な豊かさではなく、心の豊かさに通じるものでした。精神的な豊かさには形も上限もありません。だからみんなで分け合うことができる。そして、たどり着いた私たちなりの答えが「豊かさとは選択肢を多く持ち、自ら未来を選択できること」です。

コロナ禍で生活が一変し、広く制限が強いられた中で同じように感じた人もいるのではないでしょうか。飢餓に災害、戦争でさえも今や決して他人事ではありません。目の前の生活を、自分の未来を、自由に選択できることがどれほどまでに尊い、恵まれたことなのか。その有難みを実感します。

だからこそ私は、選択肢を広げること、そして選ぶ力を養うことに重きを置いています。私はレシピを作る際「今までで一番おいしい」を自分に課してますが、「毎日の食卓に感動を！」なんてことは求めても願ってもいません。

家庭料理にはおおらかさが大切で、毎日完璧を目指したら疲れてしまいます。味がちょっと薄い日、濃い日、焦がしたり、生煮えだったり…。そんな〝ゆらぎ〟のある食卓こそが愛すべき日常の姿だと思うのです。

でも、うまくいかない日ばかりが続くと、家庭料理だし、自分で作るとこんなもんか…と、諦めムードに入り、やる気さえ失ってしまう。その気持ちもわかります。〝どうせこれしかない（これしかできない）〟という思考が心に大きな負担となってのしかかるからです。

もし、そこに「簡単・時短料理から感動するほどの料理だって作れる」という振り幅のある選択肢があったらどうでしょう？「たまにはこんな日もあるよね」と失敗さえも受け止められる、日々の〝ゆらぎ〟を愛でる気持ちの余裕が生まれると思います。〝これしかない＝目の前の現実がすべて〟という思考から解き放たれた時、肩の力が抜け、気持ちが楽に、もっと生きやすくなると思うのです。

選択肢を広げることは、心の自由を得るだけではなく、時には救いにも、希望にもなると信じています。

ある日突然、人から選択肢を与えられたら選ぶのを迷ってしまいますが、知ること、調べること、学ぶことを通して自分の力で選択肢を増やせば、その過程で選ぶ力も備わり、選択に自信を持つことができます。

だから目指すは、こうであるべきという慣例や先入観、決めつけをやめ、誰もが選択肢を持ち、自分の意思で自由に選べる社会。選択肢があれば、うまくいかなかった時、追い詰められた時、「もっと別のやり方がある。他にも道がある。大丈夫」そう自分を守ることができます。頑張っている時にも、頑張れない時にも気持ちを支えてくれるお守りのようなものです。

先が読めない、未来に不安が広がる今だからこそ、私たちにはより多くの選択肢があるということを、明るい希望を、無限の可能性を、一緒に広げていこう！　そう励まし合えるコミュニティを社会は強く求めている気がします。

お客様は神様じゃない

私はとても幸運なことに、長年料理教室を続ける中で〝本当に嫌なお客様〟には会ったことがありません。

クレームをいただくことはもちろんありますが、相手の言葉に耳を傾け、誠意を持って対話をする。両者の間にあった認識のずれが浮き彫りとなり、誤解があれば丁寧にご説明する。こちらのミスがあれば心からお詫びをする。すると、その多くが関係の修復に至ります。説明や配慮が足りなかったところは素直に反省し、改善を重ねながらやってきました。アトリエを立ち上げてからはフロントを担う運営チームが心を尽くし対応してくれているおかげ、ということに加えて、ご縁にも大いに恵まれてきたと思います。

しかしながら、周りを見渡せば、お客様からの理不尽な態度や要求に悩み、心を痛めている人も少なくありません。今の時代、相手がインフルエンサーなど多少なりとも影響力があると〝悪い噂を流されてしまうかもしれない〟そんな不安から身動きが取れなくなってしまうようです。特に個人で活動している場合は相談できる人も少なく、ひとりで抱え込み、我慢し続けるという悪循環を生んでしまいます。

いつしか日本は、行きすぎた「おもてなし文化」により、お客様を強くさせてしまったのではないかと感じることがあります。外国に行くと、店員さんのあまりにドライ（時に雑）な対応に心底びっくりすることもありますが、世界から見ればもはや日本が異質なのかもしれません。

それでも私は「おもてなし」の精神が好きです。相手を想い、寄り添い、心を通わせる仕事がしたい。その一方で、残念ながら、どんなに心を尽くしても、全ての人とわかり合えるわけではない、という現実も受け止めています。

心を尽くすとは、真心を込めるということ。相手に媚びる必要もなければ、顔色をうかがう必要もありません。目の前の相手に「できないものはできない」と、きちんと伝えることも誠意なのです。

先日、Ｔｗｉｔｔｅｒで流れてきカメラマンさんと思われる方のつぶやきに、深く頷きました。その方の周りには、『友達なんだから無料で撮って』と平気で言う人がいるそうです。「物質的な商品がなくても技術や知識、経験も立派な商品なのに、わかっていない人があまりに多い」。そんな内容の投稿でした。

「友達なんだから安くして！」「友達なんだからタダでやってよ！」と押し通されてしまう。実はそんなお悩みもよく耳にします。あなたが気持ちよく技術を提供したい、そう思える間柄やタイミングなら何の問題もありません。でもそうでない場合、それは搾取になってしまうのです。

あなたの時間を奪い、あなたの自尊心を傷つけ、あなたを疲弊させる。そんな相手とは戦う必要さえありません。そっと距離を置きましょう。

あなたが自分の仕事に誇りを持ち、幸せに働くことが、その先の誰かの幸せに繋がる。どうかそのことを忘れないでいてください。

続・完璧じゃなくていい

生後3日で息子の難聴の可能性が分かり、働き方を変えようと思った時、そこに迷いはありませんでした。息子の療育を一番に考えれば、私がこれまでのように表舞台に立つことはおろか、精力的に働く姿が、想像できなかったからです。しかしながら、心を決め、前を向こうとどんなに自分に言い聞かせても、〝自分の居場所は社会にはもうないのかもしれない〟という不安が消えることはありませんでした。

そんなタイミングでの緊急事態宣言。

「私にもできることがあるかもしれない…」

駆り立てられるように始めた〝インスタライブでのレシピ紹介〟という咄嗟の行動が喜ばれ、求められたことが心底嬉しかった。暗かった家の中に、一筋の光が差し込んできた時の喜びを今も鮮明に覚えています。

「誰かの役に立つことができたら」という一心で無我夢中だった私は、いつしか自分自身を救っていました。私は社会における「自分の居場所＝役割」を求めていたのです。

人には、多かれ少なかれ承認欲求があり、「必要とされていない」「役に立っていない」「いてもいなくても変わらない」と感じる時、とてつもない孤独や不安に襲われます。小さくてもいい、何かひとつ、自分の役割がある。ただそれだけで、やりがいや生きがいを見出せる。安心感を得られる。その先に、人生の幸福度を上げることさえもできるのです。

誰かのために動くことは、自分を救うことにもなる。この経験から、さらにもうひとつ、大事な気付きを得たのです。それは「誰かを助けることは尊いこと。でも、助けてと言うことも実は同じくらいとても尊い」ということ。助けを求めることは、社会の中で、他の誰かの役割（仕事）を生むからです。

人は完璧じゃないからこそ、足りないものを補い合うために人と繋がる。

そう考えれば、むしろできないことがあるほうが自然だと思いませんか？　完璧を求めず、できないことは助けてもらい、できる時にできることでお返しをする。頼り頼られの繋がりは、心地が良いものです。

「あの人はたくさんの人に支えてもらっていいな」
「自分には頼れる人がいない」
「どうせ環境が違う」

そう感じる人もいるでしょう。

でも、他の誰かと比べることは無意味です。周りと違うのは当然で、〝あの人〟も勇気を出して助けを求めた結果かもしれません。ずっと周りや環境のせいにして動かなければ何も変わらないのです。頼り、頼られる為には、待っているだけではなく積極的に人や社会と関わりをもってみる。自ら一歩を踏み出す勇気も大切です。

私の周りでうまくいっている人は、人に頼ることが上手で、過剰に背負いすぎないようコントロールできている人が多いように感じます。これは、ただやりたくないことを放り投げているわけではなく、自分にできること、その役割を知っているからこそ、それを最大限活かすための術を身に付けているのだと思います。

完璧じゃない自分を認め、人に助けを求めることが誰かの仕事を生み、誰かのやりがいに繋がるかもしれない。そんな風に考えられたら、人を頼ることへのハードルがぐっと下がります。そうして空いたあなたのその手が、また誰かを救うこともできるのです。

見えない相手を想うこと

相手の喜ぶ顔を想像し、行動する。
すべての仕事はこれに尽きると思っています。

打算的ではなく、見えない相手の幸せをどれだけ心の底から願えるか。その本気度がコンテンツやサービスの質となる。受け取った相手に役立ち満足してもらえた時、両者の間に確かな信頼関係が生まれる。信頼はやがて期待になる。応援してくれる人がいることで事業は継続し、発展する。それをまた相手に還元する。私が目指す仕事とは〝人と人との繋がりが生む、ぬくもりのある循環〟です。

いつの頃からか、ずっと、私の根底には『利他』の精神があります。

りーた【利他】自分を犠牲にして他人に利益を与えること。他人の幸福を願うこと。（広辞苑より）

自分を犠牲にしているつもりや、無理をしているつもりはありません。見返りを求めているわけでも、やらされているわけでもない。ただやりたいからやっている。この利他の精神はいつ、どうして身に付いたんだろう？　と考えた時、答えは案外すぐに見つかりました。

おいしいものを食べると、ふと「あの人にも食べさせたい」と、じんわりあたたかくなった胸に、誰かの顔がパッと浮かぶ。そんな経験が誰しもあるはずです。これは「自分が満足したから、人にも分け与えたい」という、ごく自然に備わった人間の本能なんだと思います。

料理を愛する私は、料理でいつでも自分の心を満たすことができる。その術は枯れることもなければ、減ることも、誰かに奪われることもない。いつでも、どこでも、誰といても、自分自身を満たす術がある。そうした心の安定が、自然と利他へと向かわせてくれるのだと思います。

そして、これは私の中で他人に与える〝give〟ではなくみんなに分ける〝share〟に近い感覚です。

何かを与え何かを得る。お互い様。そんな〝give&take〟の関係も素晴らしいですが、二者の間で完結してしまいます。みんなに分けて、それを受け取った人がまた誰かに繋げる〝share&connect〟の関係なら、幸せは広く、長く続いていく。目の前の相手との交換ではなく、隣の人にバトンを渡していくイメージです。渡したバトンが直接自分に戻ってこなくても、自分のしたことが誰かの役立っている。そこには確かな繋がりがある。その喜びこそが私を満たし、走り続ける原動力となっています。

〝繋がる喜び〟と同じくらい、私を突き動かすのが〝感謝の記憶〟です。

17年前の私は、特別な才能があるわけでも、コネがあるわけでもない。大失恋したばかりの、ごく普通の女の子でした。それでも多くの人との〝ぬくもりのある繋がり〟のおかげで、私は夢を叶え、仕事の楽しさややりがいを知ることができました。

3年前に息子の耳が聞こえないことがわかった時、胸が張り裂けそうでうまく呼吸ができなかった。今まで味わったことのない悲しみと不安で毎日涙を流していました。それでも、そんな私を必要としてくれた人との〝ぬくもりのある繋がり〟のおかげで、私はもう一度前を向き、私の人生を、精一杯自分らしく生きる道を見つけられたのです。

あの時私を応援し、支えてくれた家族や友人はもちろん、オンラインで繋がっていた顔も名前も知らないどこかの誰かにずっとずっと感謝しています。言葉では到底返しきれないこの想いを、私ができる形で返していきたい。繋がりをくれた社会に恩返しがしたい。それが、私の心が望む本当にやりたいことなのです。

先日とあるところで「純粋さの勝利」という言葉を目にした時、胸が高鳴り、目頭が熱くなりました。ずっと探していた宝物を見つけられたような嬉しさが大半、自分には言語化できなかった悔しさがほんの少し。

まっすぐに相手を想って循環するエネルギーは力強く清らかです。純度の高いエネルギーは相手の心を、社会を動かす力がある。そう信じて走り続けてきました。これからもです。

相手の幸せを願う心に、終わりはありません。終わりがないからこそ、持続させるためには循環が必要です。

だから、私は私を満たしながら、今日も見えない相手を想います。
〝人と人との繋がりが生むぬくもりある循環〟の先の、優しい社会を目指して。

おわりに

さっき湯船に浸かっていたら
「おふろ、あったかい。きもちいいね」。突然息子が口を開きました。
私は目を見開き、少し遅れて込み上げてくる嬉しさに、たまらずぎゅっと抱き寄せました。

人工内耳手術から約2年。3歳になった息子はおしゃべりがとても上手になりました。今、療育へは週3回通っています。車で往復2時間、電車なら往復3時間。正直に言えばもっと仕事をしたいと思ったこともあります。それでもあの時、今の働き方を選択してよかった。そう心から思えます。

私という人間は、いつも少し先の未来を見ていました。時に今を犠牲にすることに目をつぶりながら、夢や目標、未来の幸せのためにとことん頑張ることが好きなタイプでした。

そんな私の人生観・仕事観は、息子との暮らしやコロナ禍を経てスローダウンしたことをきっかけに、大きく変化しました。

夢や目標に向かってわき目もふらず最短距離を全力疾走していた昔の私のままでは、この本は生まれなかったでしょう。

「**早く行きたければ、ひとりで進め。遠くまで行きたければ、みんなで進め**」

という有名な言葉があります。

20代はひとりでとにかく先を急ぐ働き方でした。それで得られたものもたくさんあります。でも30代後半の今は、自分らしいペースで〝幸せが未来と関わるみんなに循環する〟そんな働き方をとても心地よく感じています。

今回この本を書くにあたり、文章を書くことは好きですが、育児・療育・仕事の合間の細切れの時間では思うように集中することができず、時間の足りなさに頭を抱える日々が続きました。それでも思い浮かんだ言葉や感情を隙あらばスマホにメモし、夫の協力のもと、ホテルにこもってそれらをまとめあげる、そうした作業を繰り返し、気がつけばスマホ一台で一冊を書き終えることができました。

今はやり遂げられた達成感に胸がいっぱいです。

私の人生を振り返った時、師匠である祐成陽子先生、〝彼ごはん〟の編集を担当してくれた井野澄恵さんとの出会いはまさに人生における大きなご褒美であり、おふたりとの出会いがなかったら今の私はありません。

そして、家族・友人・仕事仲間・生徒さん・読者のみなさん。多くの人との出会いや繋がりに支えられてきたことをこの本の執筆を通して改めて痛感し、心から感謝の気持ちでいっぱいです。いつもありがとうございます。

最後に。「ＳＨＩＯＲＩの仕事に対する姿勢や今までやってきたことってやっぱりすごい。その背景や考え方を私ももっと知りたいし、世の中の人にも知って欲しい！」。そう書籍化を提案し、自らその担当編集を買って出てくれた小学館の小林由佳さん。高校時代からの親友であるあなたとこうして仕事をともにする日が来るなんて夢にも思っていませんでした。この素晴らしい経験のきっかけをくれた由佳さんにも心からありがとうを伝えたいです。

この本でたくさんの人の仕事と人生が豊かになりますように。

ＳＨＩＯＲＩ

【著者】

SHIORI（しおり）

料理家

1984年生まれ、埼玉県出身。
22歳でレシピ本『作ってあげたい彼ごはん』を出版。以後同シリーズがベストセラーとなり、現在までの著書累計は417万部を超える。フランス・イタリア・タイ・ベトナム・台湾・香港・ポルトガル・スペインでの料理修業経験があり、世界各国の家庭料理を得意とする。結婚・出産を経て、現在は約1万人の生徒数を誇るオンライン料理教室『L'atelier de SHIORI Online』を主宰。YouTubeでのレシピ発信、インスタグラムやnoteなどでの料理だけではないライフスタイルの発信を積極的に行い、同世代の女性を中心に高い支持を得る。

【SNS アカウント】

Instagram：@shiorikaregohan
Twitter：@shiorikaregohan
YouTube：SHIORI KAREGOHAN（@shiorikaregohan5667）
note：shiorikaregohan

【Special Thanks】

谷本明夢、岡田萌、竹内諒
エージェントこころ
（塚本薫、岩宮由美子、川邉春風、増田麻美、中山由希、市川結菜）
写真：田村昌裕(Freaks)、Daiki Nakagawa
小栗直人　　敬称略

STAFF

カバーデザイン　小口翔平＋畑中茜(tobufune)
本文デザイン　福地玲歩(ohmae-d)
校正　麦秋アートセンター
DTP　株式会社昭和ブライト
制作　浦城朋子・木戸礼
販売　三橋亮二
宣伝　鈴木里彩
取材協力　浅原聡
編集　小林由佳

料理で幸せを届け続けてたどり着いた

おいしい仕事術

2023年3月22日 初版第1刷発行

著者　SHIORI

発行人　石月賢一

発行所　株式会社小学館
〒101-8001
東京都千代田区一ツ橋2-3-1
☎03-3230-9370 （編集）
☎03-5281-3555 （販売）
印刷所　共同印刷株式会社
製本所　株式会社 若林製本工場

ISBN 978-4-09-311518-6